FiNALE
Prüfungstraining

Berlin
Mittlerer Schulabschluss 2012

Lösungen

Deutsch

Dr. Jelko Peters

Mit Beiträgen von
Peter Delp
Andrea Heinrichs
Harald Stöveken
Martina Wolff

westermann

Lösungsheft zu 978-3-14-171286-5

A Vorbereitung auf die Abschlussprüfung

A 2 Arbeitstechnik: Lernposter erstellen – Merkmale von Textsorten wiederholen und einprägen

Seite 9

2. – Sachtexte: Essay, Glosse, Grafik/Diagramm, Interview, Kommentar, Reportage, Zeitungsbericht
   – Literarische Texte: Erzählung, Fabel, Gedicht, Karikatur, Kurzgeschichte, Romanauszug

A 3 Zeitorganisation

Seite 10

1. Wie viel Zeit du für die Lösung der jeweiligen Aufgaben verbrauchen darfst, ist nicht festgelegt. Beachte, dass du nicht zu viel Zeit bei der Bearbeitung der ersten Aufgaben „vertrödelst". Die Zeit fehlt dir sonst später beim Schreiben. Arbeite so schnell wie möglich und so gründlich und genau wie nötig.
2. Sprachwissen und Lesekompetenz:
   18ff., 23ff., 28ff., 45ff., 67ff., 73ff., 77ff.
   Schreibaufgaben:
   S. 23ff., 28ff., 31ff., 39ff., 45ff., 49ff., 53ff., 56ff., 59ff.

A 4 Arbeitstechnik: Im Wörterbuch nachschlagen

Seite 12

1. – **effektiv** handeln: wirkungsvoll etwas tun
   – **globale** Erderwärmung: die weltumspannende, die weltweite Erwärmung der Erde
   – zielgerichtete **Strategien**: genauer Plan zur Verwirklichung eines Ziels
   – wurde **publiziert**: nachschlagen bei publizieren = veröffentlichen
   – **Komplexität** der Vorgänge: die Vielschichtigkeit, der Gesamtumfang

2. Umweltbewu**ss**tsein, Landfl**ä**chen, **Z**ugang, gefä**h**rdeten, beschrän**k**t, en**t**standen

A 5 Arbeitstechnik: Schaubilder auswerten

1. **Schaubild A: Auswertung**
   a) <u>Erster Schritt: Sich orientieren</u>
   Thema: Anteil erneuerbarer Energien in Deutschland
   Zahlenangaben: in Prozent und Gigawattstunden (GWh)
   graue Säulen: 1990
   blaue Säulen: 2008
   Vergleiche zwischen: 1990 und 2008

   b) <u>Zweiter Schritt: Den Inhalt des Schaubildes erfassen und stichpunktartig aufschreiben</u>
   Die Stromerzeugung durch erneuerbare Energien hat im Jahr 2008 gegenüber 1990 erheblich zugenommen. Den größten Zuwachs verzeichnet die Windenergie. Sie hat einen fast doppelt so hohen Wert in Bezug auf die Stromerzeugung in GWh wie die an zweiter Stelle liegende Biomasse. Knapp dahinter liegt die Wasserkraft. Der biogene Anteil des Abfalls und die Photovoltaik liegen etwa gleichauf auf Platz 4 und 5. Sie haben etwa ein Drittel des Anteils der Wasserkraft. Die Geothermie liegt noch nahezu unbedeutend auf dem 6. Platz.
   Der Anteil der Stromerzeugung insgesamt, gemessen am gesamten Bruttostromverbrauch, hat sich von 1990 bis 2008 fast verfünffacht.

   c) <u>Dritter Schritt: Aufgabenstellung beantworten und Ergebnisse aufschreiben</u>
   1. Den größten Zuwachs hat von 1990 bis 2008 die Windenergie erzielt.
   2. Die Wasserkraft hat im Vergleich zur Windenergie nur etwa die Hälfte des Anteils der Windenergie.

Seite 14

Schaubild B

1. Der Stromverbrauch für Unterhaltungselektronik lag im Jahr 2002 bei 10 Prozent und im Jahr 2007 bei 12 Prozent.

2. Gespart wurde 2007 bei der Heizung und bei den Kühl- und Gefriergeräten.Mehr verbraucht wurde in der Unterhaltungselektronik und beim Kochen und Bügeln.

Schaubild C

1. 2001 und 2002 nahm die Zahl der aufgeklärten Straftaten im Vergleich zum Vorjahr ab.

2. Von 2000 bis 2004 ist ein Anstieg der erfassten Straftaten zu verzeichnen (um 370 000).

Seite 15

1. 2006

2. a, b

3. a

4. a) 2000–2004
   b) 2004–2006

5. a) CD-Alben
   b) Internet-Downloads (gebündelte Tracks)

6. Die Aussage ist falsch.

7. Quelle ist der Bundesverband der Phonographischen Wirtschaft.

8. Bei der rechten Grafik handelt es sich um ein Kreisdiagramm. (In der Grafik sind außerdem ein weiteres Kreis- und ein Kurvendiagramm enthalten.)

A 6 Wiederholung: Test zum Sprachwissen und Sprachbewusstsein

Seite 16

1.

	Verb	Zeitform
1	war	Präteritum
2	veränderte	Präteritum
3	gab	Präteritum
4	brauchten	Präteritum
5	wird	Präsens
6	ist	Präsens

2. a) Der iPod sagt der CD endgültig den Kampf an.
   b) Auf die in die Jahre gekommenen Silberlinge wird von vielen Jugendlichen für ihre Musiksammlung heute verzichtet.

3. sich loslösen, befreien

Seite 17

4. c, Konjunktiv II

5. c, ein Demonstrativpronomen

6. a) Anfang der 80er-Jahre war sie eine technische Revolution, sodass die CD das Musikhören gewaltig veränderte.
   Anfang der 80er-Jahre war sie eine technische Revolution, weil die CD das Musikhören gewaltig veränderte.
   b) Die Konjunktionen „sodass" oder „weil". Die finite Verbform steht am Ende des Nebensatzes (Gliedsatzes).

7. „die sie allenfalls noch für die Sicherungskopien ihrer Computerprogramme brauchen."

8. Eine Möglichkeit: War die Welt zum 20. Geburtstag der CD noch in Ordnung und schien ihre Stellung unangreifbar, so ist diese Position inzwischen deutlich infrage gestellt worden.

9. a, Präposition

10. zum Feiern = zu dem Feiern, nominalisiertes Verb, das durch die Präposition und den Artikel gekennzeichnet wird.

B Angeleitete Prüfungsaufgaben zum Thema Berlin

B 1 Überprüfung des Leseverstehens am Beispiel eines Sachtextes und eines Schaubildes: Jugendarbeitslosigkeit in Berlin

Seite 19

(1) falsch

(2) richtig

(3) falsch

(4) richtig

Seite 20

(5) falsch

(6) falsch

(7) falsch

(8) falsch

(9) richtig

(10) richtig

(11)

Abschnitt	Zeilenangaben	Überschrift
1	Z. 1–11	Die Arbeitsmarktkrise betrifft auch die Jugendlichen
2	Z. 12–28	Arbeitslosenzahlen in Deutschland steigen
3	Z. 29–54	Gründe für die Arbeitslosigkeit der Jugendlichen
4	Z. 55–71	Ältere Arbeitnehmer, Sozialauswahl und Abfindungen
5	Z. 72–87	Gründe für den weiteren Anstieg der Jugendarbeitslosigkeit
6	Z. 88–104	Nachwuchsmangel in Ostdeutschland

Seite 21

(12) Die vorgestellte Lösung ist richtig.

Seite 22

(13) richtig

(14) falsch

(15) falsch

(16) falsch

(17) Ich bin der Meinung, dass die Grafik ...
nur zum Teil zum Text passt. Zwar erwähnt die Autorin einige Daten aus der Grafik in ihrem Artikel. Allerdings greift sie noch auf weitere Daten zurück, wie zum Beispiel die Jugendarbeitslosigkeit, die aber in dem Schaubild nicht erwähnt wird. Gerade aber zu diesem Bereich wäre eine Grafik interessant gewesen. Stattdessen stellt die Grafik die Situation des Arbeitsmarkts in ganz Deutschland dar, auf die aber die Autorin nicht eingeht.
Die Grafik berührt also nur einen Bereich des Artikels. Sie könnte dann zum weiteren Verständnis des Artikels beitragen, wenn sie zusätzlich die Jugendarbeitslosigkeit abbilden würde. In diesem Zusammenhang würden mich dann auch die Zahlen zur Jugendarbeitslosigkeit in ganz Deutschland interessieren.

B 2 Überprüfung des Leseverstehens, des Sprachwissens und der Schreibkompetenz am Beispiel einer Kurzgeschichte: Ich bin die Frau Brauer und stehe hier neben ihrem Mann (Tom Beinlich)

Seite 25

1. Linie 9

2. Es sind die Stationen

   Leopoldplatz,
   Amrumer Straße,
   Westhafen,
   Birkenstraße,
   Turmstraße,
   Hansaplatz,
   Zoologischer Garten,
   Kurfürsten Damm,
   Spichernstraße,
   Güntzelstraße,
   Berliner Straße.

3. Es sind die Stationen

   Adenauer Platz,
   Konstanzer Straße,
   Fehrbelliner Platz,
   Blissestraße,
   Berliner Straße.

4. d

5. Die Fahrgäste beobachten den Mann aufmerksam und sind neugierig.

6. c

Seite 26

7. b

8. Beispiele für ironisches und komisches Erzählen sind:
   »Nächster Bahnhof: Westhafen!« flötet es in engelhafter Deutlichkeit durch den Wagen. (Z. 17f.)

Ein verhaltenes Glucksen und Prusten wabert durch den Wagen. (Z. 30)
Sie grinst und sucht bei dem stinkenden Typen mit den schmierigen langen Haaren so etwas wie Lob oder Anerkennung. Der jedoch wedelt mit der offenen Rechten, weil er das Handy jetzt gerne wieder zurückhaben will. (Z. 68–71)

9.b) Frau Brauer tat zu viel des Guten und erreicht so wohl das Gegenteil. Durch ihre Übertreibungen und Lügen wurde deutlich, dass der Handyman auch gelogen hat. Es ist sehr wahrscheinlich, dass die Anrufende deshalb die Aussagen über die U-Bahn-Linie nicht mehr glaubt.

10. Die Rush-Hour ist die Hauptverkehrszeit, in der Regel morgens zu Arbeits- und Schulbeginn sowie abends nach Arbeitsschluss.

11. b

12. a

13. dass – muss – Lass – wussten – das Letzte

Seite 27

14. „Ein" wird als Satzanfang großgeschrieben. „Glucksen" und „Prusten" sind nominalisierte Verben und werden deshalb großgeschrieben. Signalwörter/Erkennungswörter sind „ein" und „verhaltenes". „Wagen" ist ein Nomen. Signalwort/Erkennungswort ist „den".

15. Nun, ich bin gerade in der U-Bahn auf dem Weg nach Hause.
Ich würde dich doch nicht anlügen, hör mir zu, das kannst du mir glauben.
Ich schwöre dir, ich kenne die Frau nicht. Ich habe sie noch nie vorher gesehen. Echt, glaube mir das!

16. a

17. Entschuldige bitte mein Verhalten in der U-Bahn. Ich erkläre dir gleich alles. (79 Zeichen mit Leerzeichen)

18.
Liebe Handyfrau,
ich weiß, dass ich mich nicht richtig verhalten habe. Ich war aber wirklich bei der Physiotherapie und bin danach noch kurz zu Hugo gefahren, um ein Bier zu trinken. In der U-Bahn war ich dann so nervös, als du mich angerufen hast, weil ich ja eigentlich sofort zu dir fahren sollte. Da habe ich gelogen und ich habe die Frau gebeten auch zu lügen, dass ich in der U7 sitze. Das war falsch und tut mir auch sehr leid. Es kommt nicht wieder vor.
Dein Handymann (88 Wörter)

B 3 Überprüfung des Leseverstehens, des Sprachwissens und der Schreibkompetenz am Beispiel eines Romanauszugs: Berlin Alexanderplatz (Alfred Döblin)

Seite 29

1. Sinnabschnitte:
   - Abschnitt 1: Zeile 1–13 Franz steht vor dem Gefängnis, die Strafe beginnt für ihn
   - Abschnitt 2: Zeile 14–22 Er sitzt in der Straßenbahn, mitten unter Leuten, lebhafte Straßen
   - Abschnitt 3: Zeile 23–32 Er steigt aus, Menschengewimmel
   - Abschnitt 4: Zeile 33–41 Er ist am Rosenthaler Platz, Massen von Menschen
   - Abschnitt 5: Zeile 42–54 Franz ist in der Rosenthaler Straße, er erschrickt

2. • Kurze, aneinandergereihte Sätze: „Er schüttelte sich, schluckte. Er trat sich auf den Fuß." (Z. 14) / „Mitten unter den Leuten. Los." (Z. 15) / „Was war denn? Nichts." (Z. 23–24) / „Gewimmel, welch Gewimmel. Wie sich das bewegte." (Z. 25)
→ Der Autor will die Angst und Unsicherheit von Franz zeigen.

3. • Vergleich in Zeile 15–17: Zum ersten Mal mitten unter den Leuten zu sein, ist wie das Ziehen eines Zahnes beim Zahnarzt. Der Schmerz wird immer stärker, ist fast nicht mehr auszuhalten. Die Wurzel des Zahnes sitzt so fest, dass der Patient meint, sein Kopf platze.
→ Dieser Vergleich macht ganz deutlich, wie schmerzhaft, wie absolut unangenehm die Situation für Franz ist, als er erstmalig mit vielen anderen in der Straßenbahn sitzt.

Seite 30

4. • Beispiele für Aufzählungen:
„Drin saßen die anderen, tischlerten, lackierten, sortierten, klebten, hatten noch zwei, fünf Jahre." (Z. 11–12) / „Der Wagen machte eine Biegung, Bäume, Häuser traten dazwischen." (Z. 20–21) / „Lebhafte Straßen tauchten auf, die Seestraße, Leute stiegen ein und aus." (Z. 21–22)
→ Aufzählungen sind oft, so auch hier, Merkmale einer sich steigernden Spannung. Nach Beispiel 2 und 3 lautet der nächste Satz: „In ihm schrie es entsetzt: …" (Z. 22) als Höhepunkt der Steigerung.
Manchmal wird durch eine Aufzählung und den nachfolgenden Satz auch ein Kontrast geschaffen (siehe Beispiel 1), noch unterstützt durch die Begriffe: „Drin saßen die anderen …" und dem folgenden Satz: „Er stand …" (Z. 12).

5. • Beispiele für grammatische Fehler: „… lass die doch blitzern, die werden dir doch nicht Bange machen, kannst sie ja kaputtschlagen, was ist denn mit die, sind eben blank geputzt." (Z. 30–31) / „… dass ich hier rin muss …" (Z. 51) / „Ich geh auch rin …" (Z. 53)
Der Autor verdeutlicht die Herkunft von Franz (vermutlich Arbeiter, sicherlich kein höherer Bildungsabschluss), gleichzeitig macht er den Berliner Dialekt

deutlich und erreicht dadurch größere Authentizität.

7. allwissender Erzähler

8. • Eckige Klammern: Hier „mischt" sich der allwissende Erzähler ein, um dem Leser durch die Betonung der kurzen Sätze in den eckigen Klammern das Besondere der Situation deutlich zu machen. Er setzt hier Gedanken von Franz ein, die Fragestellungen für den Leser aufwerfen.

9. • Auffällige Satzzeichen (Z. 36–40): Durch die Vielzahl der Gedankenstriche und der Einschübe will der Autor seine Aussagen verstärken: „Es – lebte – nicht!" (Z. 35–36) / „... – und – wurde immer starrer." (Z. 39)

10. Innerer Monolog: „Was war denn? Nichts. Haltung, ausgehungertes Schwein, reiß dich zusammen ..." (Z. 23–32)
→ Die inneren Monologe, die Gedankenströme zeigen die seelischen Vorgänge in Franz. Durch den Kontrast mit den erzählenden Abschnitten wird seine Gedankentätigkeit noch deutlicher, wenngleich der Leser auch zwischen verschiedenen Ebenen der Gedanken und Motive unterscheiden kann. Manches ist für den Leser klar nachvollziehbar (z. B. die letzten Zeilen), andere Textstellen sind schwer oder kaum verständlich (z. B.: Warum nennt er sich ein ausgehungertes Schwein?)

11. möglicher Schülertext

Hallo Kuno,
nun bin ich draußen. Ich habe den Moment der Entlassung immer gefürchtet. Weil ich nicht wusste, wohin, bin ich mit der Tram in die Innenstadt gefahren. Dort ist es schlimmer als im Gefängnis. Gestern war noch alles geregelt und überschaubar, heute in der Stadt treffe ich auf ein großes Chaos. Statt Ruhe sehe ich überall Hektik, Ungerechtigkeit und soziale Probleme. Das macht mir Angst. Ins Gefängnis musste ich, weil ich ein Verbrechen begangen hatte, eine gerechte Strafe. Diese Stadt bestraft mich nun aber mit einem Leben, das aus Einsamkeit und dem Verlust meiner selbst besteht. Ich weiß nicht, was ich machen soll.
Dein Franz
(106 Wörter)

C Angeleitete Prüfungsaufgaben zu literarischen Texten

C 1 Schreibaufgabe zu einer Erzählung: Das Wiedersehen

Seite 31

2. individuelle Lösung

3. Menschen, die sich lange nicht gesehen haben, treffen wieder zusammen. Sie freuen sich und haben sich viel zu erzählen.

5. „Aus Pietätsgründen" (Z. 13): aus Ehrfurcht, Achtung, Rücksichtnahme
„Dann plötzlich scheint ein Erinnern auf sein Gesicht zu kommen." (Z. 22–24) : Langsam erinnert sich jemand und das macht sich auch zögernd in seinem Gesicht bemerkbar.

Seite 33

6. In der Geschichte geht es um das Wiedersehen zweier Freunde. Einer von ihnen war drei Jahre lang im Gefängnis und hat Schwierigkeiten, sich in der Freiheit zurechtzufinden.

7. Merkmale einer Kurzgeschichte:
   - kürzerer, erzählender Text
   - Die Handlung setzt unvermittelt im Café ein; genaue Orts- und Zeitangaben sowie umfassende Informationen zu den Personen fehlen.
   - Thema der Erzählung ist ein alltäglicher Konflikt zwischen Haftentlassenen in der neuen Freiheit und den übrigen Menschen. Zwei Freunde sehen sich einer kritischen Situation ausgesetzt.
   - Die Handlung endet unerwartet, indem Jean seinem alten Freund, dem ehemaligen Häftling Peter, den Schlüssel zu seiner Wohnung überlässt.
   - Der Schluss ist offen: Man weiß nicht, wie die Beziehung der beiden Freund sich entwickelt und ob Peter sich in der Freiheit zurechtfinden wird.
   - typische sprachliche Merkmale: Alltagssprache, schlichte, überwiegend sachliche Ausdrucksweise, Wiederholungen

Seite 34

8. a) Hauptpersonen sind die beiden alten Freunde Peter und Jean.
   b) Die Handlung spielt in irgendeiner Stadt in einem Café.
   c) Es gibt keine Zeitangaben.
   d) Peter trifft in einem Café seinen alten Freund Jean. Beide sind überrascht und unsicher. Entsprechend holprig verläuft das Gespräch. Am Ende übergibt Jean seinem Freund Peter seinen Wohnungsschlüssel für eine Übergangszeit.
   e) Peter hat drei Jahre im Gefängnis verbracht und ist wieder auf freiem Fuß. Das Anknüpfen an alte Kontakte gestaltet sich schwierig, da alle offenbar ungern mit einem ehemaligen Häftling zu tun haben möchten (Beruf, Wohnung). Peter ist deshalb sehr unsicher und ängstlich.

9. Mögliche Einteilung in Sinnabschnitte:
   1) Z. 1–14: Peter trifft nach drei Jahren Haft seinen Freund Jean in einem Café.
   2) Z. 15–57: Beide sprechen in Andeutungen darüber, wie es ihnen geht.
   3) Z. 58–74: Jean erklärt seinen raschen Aufbruch.
   4) Z. 75–91: Peter ist bedrückt. Jean kommt zurück und übergibt Peter seinen Wohnungsschlüssel.

Seite 34/35

10. a)

Was Jean sagt und tut	Was Jean vermutlich denkt
„Bist du schon wieder ..." (Z. 11/12)	Er ist fast erschrocken und vermeidet das Wort „Gefängnis", um Peter nicht zu verletzen.
Er bietet Peter einen Kaffee an. (Z. 18/19)	Er geht nicht auf Peters Bemerkung ein, um das Thema zu vermeiden.
„Kellner wissen alles. Mach dir nichts daraus." (Z. 27/28)	Er versucht, Peters Empfindlichkeit zu zerstreuen.
„Das ist es sicher nicht", sagt Jean rasch. (Z. 54/55)	Er möchte nicht über Peters Empfindlichkeit sprechen.
Jean spielt mit dem Blatt der Zeitung. (Z. 59/60)	Er ist verlegen.
Plötzlich blickt Jean auf die Uhr ... „Ich muss jetzt gehen. ..." (Z. 62/63)	Er ist froh, einen Grund zu haben, das Lokal zu verlassen.
... wie sich Jean entschlossen umwendet ... (Z. 78/79)	Jean ist klargeworden, dass er seinen Freund so nicht sitzenlassen darf.

Seite 35

b) Sprachliche Mittel, die Peters Unsicherheit und Angst darstellen:
   - Peters Hand zittert leicht ... (Z. 1)
   - ... meint Peter leise. (Z. 15/16)
   - Sie schweigen. (Z. 29), Sie schweigen wieder. (Z. 58)
   - ... während Peter nachdenklich ... (Z. 60/61)
   - Seine Rechte spielt zitternd ... Sein Blick ist gesenkt. (Z. 75–77)

c) Er denkt, dass ihn die anderen Menschen meiden, weil er im Gefängnis gewesen ist.

d)
   - Peter hat offenbar eine dreijährige Strafe abgesessen („Drei Jahre sind genug.", Z. 15).
   - Jean scheint erschrocken zu sein („Bist du schon wieder ...", Z. 11/12).
   - Jean will an alte Zeiten anknüpfen, Normalität vortäuschen („Wirst du wieder bei Frau Ruegg wohnen?", Z. 47/48).
   - Sie sind beide verlegen und wissen nicht, wie sie sich richtig verhalten sollen („Sie schweigen wieder.", Z. 58).
   - Jean macht sich Peters Situation erst im letzten Moment bewusst und gibt vor, vergessen zu ha-

ben, dass er Peter den Schlüssel geben wollte („Ich habe vergessen, dir den Schlüssel zu geben.", Z. 86/87).

e) Wenn man einen Namen einsetzen würde (z. B. Herr Schmidt hat dafür gesorgt, dass...), würde die Aktion persönlicher wirken. So macht alles einen unpersönlichen, kalten Eindruck. „Man" hört sich bürokratisch, unmenschlich an.

f) Er denkt, dass sie nichts mit ihm zu tun haben wollen, sich aber nicht trauen, mit ihm darüber zu reden. Ihm ist es ja selbst peinlich.

g) Als Jean weggeht und Peter allein zurücklässt, wird ihm bewusst, wie kaltherzig er gegenüber seinem Freund ist. Vielleicht hat er auch ein schlechtes Gewissen, dass es ihm so gut geht. Das Wort „entschlossen" deutet darauf hin, dass er mit sich gerungen hat, was er tun soll.

Seite 36

11. a) Er schämt sich wahrscheinlich für seine Tat und vor allem dafür, ein ehemaliger Häftling zu sein. Er möchte nicht darüber reden.
b) Er ist unsicher, ängstlich, traut sich nicht, laut zu reden, weil er nicht auffallen und erkannt werden möchte. Er glaubt, die anderen wollen nichts mit ihm zu tun haben.
c) Es ist nicht herzlich und freudig. Es ist eigentlich das Gegenteil von dem, was man unter „Wiedersehen" versteht. Beide haben sich nichts zu erzählen, weil sie unsicher (Peter) oder abwartend (Jean) sind.

13. a) Die Strafe nach Recht und Gesetz ist vorbei und verbüßt. Nun aber fühlt Peter sich ständig und überall ausgegrenzt. Dieses Gefühl, geringschätzig behandelt zu werden, ist schlimmer als eine klar umrissene und kalkulierbare Strafe. Noch schlimmer ist es, wenn nicht offen ausgesprochen wird, was jemand denkt und stattdessen andere Dinge vorgeschoben werden. Es ist wie Mobbing, das psychisch krank macht, weil man sich nicht wehren kann.
b) individuelle Lösung

Seite 37

14. Möglicher Schreibplan:

Schreibplan

<u>Einleitung</u>:
- In der Kurzgeschichte „Das Wiedersehen" von Gertrud Schneller geht es um ...

<u>Hauptteil</u>:
- Inhaltszusammenfassung
- Peters Situation
- Das Verhältnis der beiden Freunde zueinander
- Bedeutung der Überschrift „Das Wiedersehen"
- Wirkung und Absicht der Autorin

<u>Schluss</u>:
Erläuterung des Zitats mit Stellungnahme und Begründung

Seite 38

15.–17. Möglicher Schülertext:

In der Kurzgeschichte „Das Wiedersehen" von Gertrud Schneller thematisiert die Autorin die Schwierigkeiten von Straftätern nach ihrer Haftentlassung, mit der wiedergewonnenen Freiheit klarzukommen. Sie fühlen sich abgelehnt und ausgegrenzt.
Aufgeregt betritt Peter ein Café, um seinen ehemaligen Freund Jean zu treffen. Der sitzt genau wie früher hinten in der Ecke und ist fast erschreckt, als er Peter sieht. Er fragt, ob Peter „schon wieder ...". Aber das Wort „entlassen" spricht er nicht aus, denn er will seinen alten Freund nicht verletzen. Peter wirkt ängstlich und spricht leise und vermeidet ebenfalls, über damals zu sprechen. Er nennt sein Vergehen „es" und macht einen reuigen Eindruck. Er fühlt sich von seinen Mitmenschen abgelehnt und empfindet ihr Verhalten als eigentliche, schmerzhaftere Bestrafung. Denn seine damalige Wirtin hat kein Zimmer für ihn und als Jean plötzlich aufbricht, um einen Zug zu erreichen, glaubt Peter, dass auch sein Freund weiteren Kontakt vermeiden will. Einsam bleibt er im Café zurück, als Jean überraschend zurückkehrt und ihm seine Wohnungsschlüssel für eine Übergangszeit überlässt.
Peter hat eine dreijährige Haftstrafe abgesessen und versucht nun, in diesem Café offenbar an alte Zeiten anzuknüpfen. Aber so recht gelingt ihm das nicht, denn er vermutet überall um sich herum Misstrauen und Ablehnung. Das glaubt er aus dem Verhalten des Kellners herauszulesen, aus dem Verhalten seiner ehemaligen Wirtin, die kein Zimmer für ihn hat, und aus dem plötzlichen Aufbruch seines alten Freundes Jean. Die Zeit im Gefängnis hat sein Selbstbewusstsein zerstört. Peter fühlt sich gebrandmarkt, von allen erkannt und ausgegrenzt. Keiner spricht offen mit ihm und er hält die Zurückhaltung (zum Beispiel von Jean) für Ablehnung.
Peter vermutet also, dass seinem Freund Jean diese Begegnung unangenehm ist. Jean dagegen weiß nicht so recht, wie er mit Peter umgehen soll. Er vermeidet Äußerungen, die das damalige Geschehen betreffen. Es ist fast so, als ob er mit jemandem spricht, den er nicht verletzen will. Dennoch beweist er echte Freundschaft, als er Peter am Ende die Schlüssel zu seiner Wohnung übergibt. Jean hat nach langem Überlegen erkannt, in welcher schwierigen Situation sich der alte Freund befindet, nicht nur wegen der fehlenden Unterkunft. Im Übrigen zeigt sich, dass er seinen Freund nicht angelogen hat. Peter hatte geglaubt, die Reise sei nur ein Vorwand gewesen. Somit wird deutlich, dass die Ängste Peters zu falschen Wahrnehmungen und Schlussfolgerungen führen und seine Situation erschweren.
Dieses „Wiedersehen" ist kein freudiges Wiedertreffen, bei dem die Gesprächspartner atemlos erzählen, was alles in ihrem Leben passiert ist. Das Gespräch zwischen Peter und Jean ist geprägt von Verlegenheit, Angst, Misstrauen und Peinlichkeit einerseits und von Vorsicht, Rücksichtnahme, Unsicherheit andererseits. Das Gespräch verläuft stockend, ohne Höhepunkte (Lachen, Verwunderung, Nachfragen). Die Autorin möchte mit dieser Kurzgeschichte deutlich machen, wie kompliziert der Neubeginn in Freiheit für ei-

nen ehemaligen Häftling sein kann. Mit der Entlassung ist es nicht getan. Peter muss den normalen Umgang mit den Menschen erst wieder erlernen. Ihm fehlt Selbstbewusstsein, das muss wieder hergestellt werden. Ein Freund wie Jean ist dabei sehr hilfreich.
Das Zitat drückt aus, dass eine Haftstrafe mehr bedeutet als nur für eine gewisse Zeit im Gefängnis zu sitzen. Viel schlimmer ist der psychische Aspekt. Die Angst vor der Verachtung durch andere kann ein Leben lang andauern. Ehemalige Häftlinge werden gemieden, es wird über sie geredet, sie stehen ständig unter Stress – privat wie im Beruf. Natürlich trifft das nicht auf jeden ehemaligen Häftling zu, aber wahrscheinlich doch auf viele.
Ich stimme der Aussage von Peter zu, dass die wirkliche Strafe erst nach dem Gefängnisaufenthalt kommt. Es ist ähnlich wie beim Mobbing. Ein Mensch ist ständig das Ziel von Angriffen und kann sich nicht wehren. Meiner Ansicht nach ist es verständlich, dass Peter empfindlich auf seine Mitmenschen reagiert und genau beobachtet, wie sie sich ihm gegenüber verhalten. Das ist ein gewisser Schutzmechanismus. Allerdings darf er es nicht übertreiben. Manchmal deutet er das Verhalten anderer vielleicht falsch. In dieser Geschichte hat er das Glück, dass ihm sein Freund Jean hilft, obwohl Peter zunächst davon ausgeht, dass auch Jean ihn ablehnt.

C 2 Schreibaufgabe zu einem Songtext: Ungerechtigkeit (Die Prinzen)

Seite 41

2. *Strophe 1 und Refrain:*
   - Lyrisches Ich ernährt sich gesund
   - wird dennoch dick
   - lädt Mädchen ein
   - Bruder kommt dazu
   - findet, Ungerechtigkeit geht zu weit
   - wird Ungerechtigkeitsanwalt
   - verdient gut an Ungerechtigkeit

   Strophe 2 und Refrain:
   - du klaust im Supermarkt
   - Oma wird dafür verhaftet
   - unbegabter Lehrer schreit
   - Schüler werden heiser
   - findet, Ungerechtigkeit geht zu weit
   - wird Ungerechtigkeitsanwalt
   - verdient gut an Ungerechtigkeit

   Strophe 3 und Refrain:
   - Ungerechtigkeit gab es schon immer
   - keiner hat dafür die Berechtigung
   - findet, Ungerechtigkeit geht zu weit
   - wird Ungerechtigkeitsanwalt
   - verdient gut an Ungerechtigkeit

Seite 42

3. Beispiele für Ungerechtigkeit:
   - Strophe 1: trotz kalorienbewusster Ernährung dicker werden, sich auf einen Abend allein mit der Freundin freuen und vom Bruder gestört werden
   - Strophe 2: es gibt zu viel Ungerechtigkeit
   - Strophe 3: Verhaftung eines Unbeteiligten (Oma), Angeschriene (Schüler) werden heiser
   - Strophe 4: dass das Lyrische Ich selbst schon ungerecht war

   Beispiele für Gerechtigkeit:
   - Strophe 2: Lyrisches Ich verdient gut an Ungerechtigkeit

   . (Str. 2, Z. 7/8) Lyrisches Ich beklagt sich über Ungerechtigkeit, findet es aber gut, dass es daran verdient.
   (Str. 5, Z. 7/8) Lyrisches Ich war selbst schon ungerecht, obwohl es sich zum Ungerechtigkeitsanwalt machen will.

4. Bewusstmachung, Unterhaltung

5. a) Übertreibungen:
   Z. 1: den ganzen Tag Gemüse essen
   Z. 19: Oma wird verhaftet

   b) Ironie:
   Z. 11/12: ich werde Ungerechtigkeitsanwalt

   c) Umgangssprache:
   Z. 3: mein Hintern
   Z. 10/14: echt
   Z. 17: geklaut

   d) Wortneuschöpfungen:
   Z. 12: Ungerechtigkeitsanwalt

   e) Wiederholungen:
   - „Ungerechtigkeit", „Das ist Ungerechtigkeit": Es soll ganz deutlich sein, um was es geht.
   - Refrain: (Strophe 2/Strophe 5): Konflikt soll deutlich werden: einerseits Ablehnung von Ungerechtigkeit, anderseits gute Verdienstmöglichkeit

   f) sprachliche und formale Mittel:
   - 6 Strophen, jeweils 8 Verse
   - Strophe 1 und 3: alle geraden Verse (Z. 2/4/6/8) reimen sich (teilweise Kreuzreim), Strophe 2, 4, 5, 6 ausschließlich Paarreim
   - Wortspiele: Berechtigungsschein, berechtigt zum Ungerechtsein
   - Beispiele unterschiedlich Handelnder: Strophe 1: Es geht um Lyrisches Ich, Strophe 3: Handelnde sind andere (ihr, der Lehrer)

6. Perspektive: Lyrisches Ich

Seite 43

7. Das Lyrische Ich bewertet Ungerechtigkeit. Es hält sie für schlecht. Dabei hebt es sich besonders hervor („sogar ich"). Offensichtlich hält sich das Lyrische Ich für sehr moralisch und anständig. Somit wird klar, dass Ungerechtsein zu jedem Menschen gehört.

8./9. Individuelle Schülerlösung

10. Schreibplan:

Schreibplan
– Einleitung: B – Hauptteil: E, D, A – Schluss: C

11. Möglicher Schülertext:

Analyse des Liedtextes „Ungerechtigkeit" von den Prinzen

In dem Liedtext „Ungerechtigkeit" von den Prinzen geht es um Beispiele für Ungerechtigkeit und um die Tatsache, was das Lyrische Ich als ungerecht empfindet und was nicht.
Die Prinzen führen in den einzelnen Strophen Beispiele für Ungerechtigkeit an. So empfindet das Lyrische Ich es in der ersten Strophe als ungerecht, dass es trotz kalorienbewusster Ernährung dicker wird. Ein weiteres Beispiel für Ungerechtigkeit ist es in seinen Augen, wenn der ältere Bruder plötzlich kommt, obwohl es sich auf einen ungestörten Abend mit seiner Freundin freut. Während es in der ersten Strophe um eigene Beispiele geht, die das Lyrische Ich direkt betreffen, handeln in der dritten Strophe andere ungerecht (Z. 17: „ihr", Z. 21: „ein Lehrer"): Jemand stiehlt im Supermarkt und eine unbeteiligte Oma wird daraufhin verhaftet, ein Lehrer schreit seine Schüler an, die dann heiser werden. Im Refrain betont das Lyrische Ich, dass es Ungerechtigkeit nicht richtig findet. Unterstützt wird seine Meinung durch die Strophe 5. Hier macht es deutlich, dass niemand das Recht hat, ungerecht zu handeln (Z. 28: „keiner hat einen Berechtigungsschein"), auch wenn es schon immer Ungerechtigkeit gegeben hat.
Gerecht findet es dagegen die Tatsache, dass es an der herrschenden Ungerechtigkeit gut verdient (Z. 16/17). Dies ist eine widersprüchliche Aussage zu seiner grundsätzlichen Einstellung, Ungerechtigkeit schlecht zu finden und sie nicht leiden zu können. Außerdem spielt es mit dem Gedanken, „Ungerechtigkeitsanwalt" zu werden (Z.11/12). Ein weiterer Widerspruch ergibt sich aus der Tatsache, dass das Lyrische Ich zugibt, selbst schon ungerecht gewesen zu sein (Str. 5, Z. 7/8). Diese widersprüchlichen Aussagen sollen die Zuhörer zum Nachdenken anregen.
Der Liedtext besteht aus 6 Strophen mit jeweils 8 Versen. Das verwendete Reimschema ist nicht einheitlich. So reimen sich in den Strophen 1 und 3 alle geraden Verse, die ungeraden jedoch nicht. Man kann also von einem teilweise vorkommenden Kreuzreim sprechen. Dies sind inhaltlich die Strophen, die Beispiele für Ungerechtigkeit anführen. Die Verse der Strophen 2, 4, 5 und 6 sind dagegen paarweise gereimt. Inhaltlich geht es darin um die Beurteilung von Ungerechtigkeit durch das Lyrische Ich.
Um deutlich zu machen, dass es sich bei den Beispielen für Ungerechtigkeit um alltägliche Begebenheiten handelt, verwenden die Prinzen auch Umgangssprache wie „mein Hintern" (Z. 3), „echt" (Z. 10/14) und „geklaut" (Z. 17).
Besonders häufig wiederholt wird das Wort „Ungerechtigkeit" und der Satz „Das ist Ungerechtigkeit". Somit wird das Thema des Liedtextes eindringlich an die Leser weitergegeben. In der Wiederholung des Refrains soll der Konflikt des Lyrischen Ichs deutlich werden. Einerseits lehnt es Ungerechtigkeit ab, andererseits verdient es gut daran.
Auch der Wechsel der Personen, denen Unrecht geschieht, bzw. der Personen, die ungerecht handeln, bewirkt, dass den Lesern deutlich wird, dass Ungerechtigkeit nicht nur ein persönliches Problem des Lyrischen Ichs ist, sondern ein alltägliches Problem darstellt. So geht es in Strophe 1 zunächst ausschließlich um die Ungerechtigkeit, die das Lyrische Ich erfährt, während in Strophe 3 andere Personen ungerecht handeln („ihr", „ein Lehrer") und von Ungerechtigkeit betroffen sind („Oma", „Schüler").
Der Textstelle „Ungerechtsein ist in jedem Fall schlecht, sogar ich war schon mal ungerecht" kann ich leider nur zustimmen. Natürlich nimmt man sich immer vor, gerecht zu handeln, aber das gelingt nicht immer. So wie das Lyrische Ich in dem Liedtext vom Ungerechtsein profitiert, weil es daran gut verdient, so kann man auch selbst Vorteile daraus ziehen, dass man ungerecht handelt oder dass jemand ungerecht behandelt wurde. Ich habe zum Beispiel mal meine Hausaufgaben gemeinsam mit einer Freundin bei einem Freund abgeschrieben. Bei meiner Freundin ist das aufgefallen und sie musste eine Stunde in der Schule nacharbeiten, während ich damit durchkam. Somit habe ich auch zu meinem eigenen Vorteil ungerecht gehandelt.
Was mir auffällt ist, dass sich das Lyrische Ich in der Textaussage besonders hervor („sogar ich"). Offensichtlich hält sich das Lyrische Ich für besonders moralisch und anständig. Somit wird klar, dass Ungerechtsein wohl zu jedem Menschen gehört, egal wie gut er ansonsten handelt. Man kann sich demnach mit dem Lyrischen Ich identifizieren.

C 3 Überprüfung des Leseverstehens, des Sprachwissens und der Schreibkompetenz am Beispiel einer Kurzgeschichte: Rein äußerlich (Detlev Marwig)

Seite 46

2. Sinnabschnitte:
   Abschnitt 1: Z. 1–24: Irene wird vorgestellt.
   Abschnitt 2: Z. 25–66: Die Kassiererin regt sich auf.
   Abschnitt 3: Z. 67–69: Irene hat Verständnis für die Kassiererin.

3. Angaben zu den Personen:

Irene	Kassiererin
schwarzhaarig ◄——►	blond
schwarzäugig ◄——►	blauäugig
klein	
deutsch (arisch) ◄——►	vermutlich deutsch
Halbtagskraft, zeichnet Waren aus ◄——►	Kassiererin
Hausfrau ◄——►	vermutlich auch Hausfrau
ist gelassen ◄——►	brüllt durch den Laden
geht dem Geschrei aus dem Wege ◄——►	ist empört, schreit böse Worte
ist etwas verlegen, nimmt Entschuldigung an (?)	entschuldigt sich wegen der Verwechslung

5. Die Äußerungen sind grob und verletzend.
6. Die Kassiererin erwartet Unterordnung und Gehorsam von ausländischen Mitarbeiterinnen, besonders wenn sie (wie sie glaubt) aus der Türkei und Nachbarländern kommen. Sie hält die Menschen von dort („ausse Karpaten") für unterentwickelt und deshalb für rechtlos.

Seite 47

8. Irene ist nicht leicht aus der Ruhe zu bringen. Was sie nicht betrifft, regt sie nicht auf: „He, Sie! Bin ich nicht",

sagte Irene und sie blieb deshalb sitzen." (Z. 17). Sie bleibt gelassen, als die Kassiererin ausrastet und geht stattdessen ins Lager, um das Geschrei nicht mehr zu hören. Sie scheint auch nicht nachtragend zu sein: Als die Kassiererin ihren Irrtum einsieht und sich entschuldigt, nimmt sie die Entschuldigung an.

9. Irene ist selbstbewusst. Daher bringt sie das Verhalten der Kassiererin nicht aus der Ruhe. Sie hat sogar ein gewisses Verständnis für die Kassiererin, da sie weiß, wie stressig und anstrengend der Job an der Kasse ist. Sie scheint das Missverständnis (sie für eine Türkin gehalten zu haben) zu verzeihen, weil sie ja wirklich so aussieht. Sie hat die Auseinandersetzung nur auf sich bezogen. Vielleicht würde sie genauso bei einer Ausländerin reagieren und sieht daher in dem Verhalten der Kassiererin kein Problem. Vielleicht ist es ihr auch egal.

10. - Irene sieht aus wie eine Türkin oder eine Frau vom Balkan – die Kassiererin wird wie eine typische deutsche Frau vorgestellt.
- Irene ist ruhig, gelassen, nicht stur oder nachtragend – die Kassiererin ist aufgeregt, hat sich nicht unter Kontrolle, schreit.
- Irene ist Halbtagskraft mit helfender Funktion – die Kassiererin ist wichtig, hat eine verantwortungsvolle Stellung.

11. - Die beiden Frauen sprechen Umgangssprache. Kassiererin: „He, Sie!!" (Z. 37 und 45) / „... ausse Karpaten, ... sich mausig machen" (Z. 49–51) Irene: „... die hat durchgedreht" (Z. 20)/„He Sie! Bin ich nicht!" (Z. 32)/„Da war die dann ruhig" (Z. 59–60)
- Die Erzählsprache ist sehr schlicht, der Umgangssprache angepasst. Der Begleitsatz zur wörtlichen Rede beginnt oftmals mit „sagt sie" (5x), „sagt Irene" (5x). Die Sätze sind kurz, keine komplizierten Satzgefüge.

12. Die Überschrift vermittelt zunächst den Eindruck, es ginge (nur) um Äußerlichkeiten. Die Kassiererin hat Irene verwechselt und mit der Entschuldigung scheint das Missverständnis behoben zu sein. Der Autor möchte den Leser mit dieser Harmlosigkeit zum Nachdenken über die eigentliche Problematik bringen: Die äußeren Merkmale führen zu Vorurteilen und damit zu Fehlverhalten.

Seite 48

13. - Z. 11–25: Irene wird als untergeordnete Halbtagskraft vorgestellt.
- Z. 27–45: Die Kassiererin ist wichtig, hat eine verantwortungsvolle Stellung. Daher glaubt sie, sich anmaßend und herrisch verhalten zu können.

14. So wie Irene dargestellt wird (schlicht, unkompliziert, regt sich nicht gleich auf, geht Streit aus dem Wege, hat Verständnis für den Stress der Kassiererin), scheint sie die Entschuldigung zu akzeptieren. Sie hat mit der ganzen Sache nichts zu tun, weil sie ja nicht die kleine Türkin aus dem Supermarkt ist. Auch die Überschrift „Rein äußerlich" könnte ein Hinweis sein, dass Irene das Problem von Vorurteilen aufgrund von Äußerlichkeiten selbst auch nicht gesehen hat. Sie hätte, so selbstbewusst wie sie ist, sonst ganz anders reagiert.

15. individuelle Schülerlösung

16. möglicher Schülertext

Hallo Irene,
ich finde es gut, dass du die Kassiererin ignoriert hast. Ich lasse mich auch nicht gerne anschreien. Allerdings meine ich, du hättest dem Konflikt nicht aus dem Weg gehen sollen. Anstatt mit der Frau zu reden, verziehst du dich einfach und überlässt es der Filialleiterin, das Missverständnis aufzulösen.
Mir gefällt es auch, dass du dich nicht nachtragend gegenüber der Frau verhältst, aber meiner Meinung nach hättest du ihr durchaus sagen können, dass ihr Verhalten gegenüber Ausländern nicht in Ordnung ist. Denn die Frau behandelt die Ausländer wie Menschen zweiter Klasse. Dagegen muss man sich wehren.
Viele Grüße
(98 Wörter)

D Angeleitete Prüfungsaufgaben zum Thema Erörtern

D 1 Einen argumentativen Brief schreiben

Seite 49

1. a) *Formuliere eine Einleitung, in der du Frau Karsten den Anlass deines Briefes und deine Position verdeutlichst.*
   b) *Begründe deine Position, indem du die ausgewählten Argumente näher erläuterst oder durch Beispiele veranschaulichst. Entkräfte das Gegenargument.*
   c) *Formuliere einen Schluss, in dem du noch einmal bei der Schulleiterin für deine Position wirbst.*

2. a) – Adressat: Schulleiterin Frau Karsten
   – Situation/Rahmenbedingungen: Deine Schule will an einem Musikquiz teilnehmen.
   b) ① a) Einleitung schreiben: Anlass nennen, meine Position äußern
   b) meine Position begründen, Argumente erläutern, durch Beispiele veranschaulichen, ein Gegenargument entkräften
   c) Schluss schreiben: für meine Position werben

Seite 51

5. a) Frau Karsten, Schulleiterin
   b) Datum

   Sehr geehrte Frau Karsten,
   wir bitten Sie darum, dass unsere Schule an dem Wettbewerb des Senders „Klasse" teilnehmen darf.
   Wenn wir an dem Wettbewerb teilnehmen, ist dies eine gute Werbung für unsere Schule, denn nicht nur der Radiosender, sondern auch die Zeitung wird darüber berichten, was Ihnen doch sicher sehr recht ist. ...
   Wir versichern Ihnen auch, dass der Schulbetrieb nicht gestört wird, da der Wettbewerb am Nachmittag stattfinden wird. ...
   Sie werden sicher stolz auf uns sein, dass wir zeigen, wie gut wir uns in der Musik auskennen. ...
   Sie sehen, dass wir uns sehr gründlich Gedanken gemacht haben und uns nicht leichtfertig an Sie wenden. Daher bitten wir Sie, uns die Teilnahme am Wettbewerb zu erlauben.
   Mit freundlichen Grüßen
   Ihre SV
   c) siehe Markierung oben

D 2 Argumente entfalten und entkräften

Seite 54

2. Entfaltung des Argumentes:
   – eigene Meinung/Behauptung/Einbezug der eigenen Position
   – Begründung und genaue Erklärung der Begründung mit konkreten Beispielen
   – Bedeutung für den einzelnen Schüler
   – daraus resultierende Folge

3. a) zu Argument A): Das Argument wirkt nicht stichhaltig, da die angegebene Schlussfolgerung nicht ausreichend erläutert ist. Es wird nicht deutlich, wie der Musikwettkampf und das Sportturnier zusammenhängen. Außerdem fehlen der Adressatenbezug sowie der Einbezug der eigenen Position.
   zu Argument B): Auch dieses Argument ist nicht ganz stichhaltig, da für die Behauptung sprachlich keine Begründung angeführt wird. Unklar ist, was „positiv betrachten" bedeutet; hier müsste eine Erklärung angegeben oder verständlicher formuliert werden.
   b) Anmerkungen zu Argument A): Adressatenbezug fehlt: „Wir alle ...", „... den Unterricht Ihrer Kollegen ...". Durch die Satzverknüpfung mit „außerdem" wirkt der zweite Satz wie ein neuer Aspekt; besser: „Das hat zur Folge, dass ...".
   Erklärung ergänzen: „..., denn wir möchten gut abschneiden und einen Preis gewinnen.". Das Beispiel passt nicht so gut: Unterricht – Sportturnier, Beispiel erweitern, z.B. „auf den Unterricht und außerunterrichtliche Veranstaltungen". Konjunktiv II benutzen
   Anmerkungen zu Argument B): Adressatenbezug fehlt auch hier: Wer sieht, dass sich die Schüler einsetzen?; 2. Satz als Begründung formulieren; Schlussfolgerung ist unklar formuliert; konkrete Beispiele fehlen; unklar ist auch: „mit Würde tragen"
   c) Überarbeitetes Argument A): Wir alle entwickeln bei dem Wettbewerb viel Ehrgeiz, denn wir möchten gut abschneiden und einen Preis gewinnen. Dies würde sich auf den Unterricht und andere außerunterrichtliche Veranstaltungen auswirken. Das hätte zur Folge, dass wir Schüler zum Beispiel auch beim nächsten Sportturnier mit viel Ehrgeiz an die Sache herangehen werden, weil wir besser sein möchten als unsere Konkurrenten.
   Überarbeitetes Argument B): Durch die Teilnahme an einem solchen Wettbewerb wird das Image der Schule gestärkt, denn auch die Schüler, Lehrer und Eltern anderer Schulen sehen, dass sich die Schüler und Schülerinnen unserer Schule für ihre Schule einsetzen und im Wettbewerb kämpfen. Dies wird positiv wahrgenommen, denn wir Schüler identifizieren uns mit unserer Schule. Aber auch, wenn wir einen der hinteren Plätze belegen würden, würden wir uns nicht als schlechte Verlierer zeigen, sondern es bei einer wiederholten Teilnahme besser machen.

4. Mögliche Entfaltung der Argumente:
   – Unser Musikunterricht wird aufgewertet, da er einen außerunterrichtlichen Bezug erhält. Uns wird bewusst, dass wir die Inhalte des Unterrichts dazu nutzen können, um in dem Wettbewerb gut abzuschneiden. Somit werden viele Schüler dem Unterricht aufmerksamer folgen und den Unterrichtsstoff besser lernen. Das wird Ihre Musikkollegen sicher freuen.
   – Natürlich wird durch die Teilnahme an dem Wettbewerb auch das Gemeinschaftsgefühl der Schülerinnen und Schüler untereinander gestärkt, denn einerseits müssen die Teilnehmer zusammenhalten, weil sie die an sie gestellten Aufgaben gemeinsam bewältigen müssen, und andererseits wird die ganze Schulgemeinschaft hinter ihnen stehen. Es ist Ihnen sicherlich wichtig, dass dadurch wiederum das Gemeinschaftsgefühl an unserer Schule gestärkt wird.

Seite 55

5. a) Einwände oder Nachfragen zu den entkräfteten Argumenten
   A) Entkräftung recht gut gelungen; aber Übertreibungen „unzählige Musikstunden", „Wettbewerb viel mehr bringen"; alternativer Vorschlag ist nachvollziehbar
   B) Entkräftung nur z. T. nachvollziehbar, da der Imageverlust immer noch vorhanden wäre

   b) Sprachliche und inhaltliche Verbesserungsvorschläge:
   A) Adressatenbezug fehlt: „Sie müssen bedenken, dass ..."; Übertreibungen vermeiden; Erklärung ergänzen: Warum bringt den Schülern so ein Wettbewerb viel mehr?; eigene Position einbeziehen
   B) Adressatenbezug einbauen: „Sie denken sicher, dass ..., aber ..."; nicht „schädigen", sondern „unvorteilhaft"; eigene Position einbeziehen; genau erklären, warum es nicht zum Imageverlust kommen würde

   c) Überarbeitung
   A) Es mag zwar Unterricht ausfallen, aber Sie müssen auch bedenken, dass so ein Wettbewerb einige Musikstunden ersetzen kann, da wir Schüler uns in dieser Zeit intensiv mit diesem Fach auseinandersetzen. Natürlich ist es Ihnen gesetzlich vorgegeben, dass Unterricht stattfinden muss, aber uns Schüler würde so ein Wettbewerb aufgrund des Wettkampfcharakters viel mehr motivieren als normaler Unterricht. Um den Unterrichtsverlust so gering wie möglich zu halten, würde ich vorschlagen, diesen Tag so wie einen Studientag zu organisieren, also uns Schülern Aufgaben für zu Hause mitzugeben. So lernen wir viel über Musik und bereiten dennoch den Unterrichtsstoff für die nächsten Stunden in den anderen Fächern vor.
   B) Sie denken sicher, dass die Teilnahme an dem Wettbewerb für die Schule unvorteilhaft wäre, wenn wir schlecht abschneiden würden, da dies zum Beispiel auf mangelndes Wissen zurückzuführen sein könnte. Eltern könnten so Zweifel bekommen, ob das Kind die richtige Schule besucht. Doch dem wäre nicht so, da die Schule gerade durch solche Wettbewerbe beweisen würde, dass Lehrer und auch Schüler offen für außerunterrichtliche Veranstaltungen wären. Außerdem wäre es unsere erste Teilnahme an einem solchen Wettbewerb und wir könnten beweisen, dass wir uns auch solchen Herausforderungen stellen.

6. Weiteres entkräftetes Argument:
   Sie glauben bestimmt, dass die Auswahl der Teilnehmer zu Streitereien führen könnte. Sicherlich haben Sie da nicht unrecht, denn viele Ihrer Schüler und Schülerinnen möchten gern beweisen, was in ihnen steckt, und die Schule nach außen vertreten. Aus diesem Grund haben wir uns überlegt, im Vorfeld ein Auswahlverfahren durchzuführen. Wir von der SV werden alle freiwilligen Meldungen sammeln und mit diesen Freiwilligen einen Test durchführen, sodass nur diejenigen mitfahren dürfen, die guten Kenntnisse in der Musikbranche vorweisen können. So können wir Streitereien der Schüler untereinander vermeiden.

7. Möglicher Schülertext:

Berlin, 27.1.2011

Sehr geehrte Frau Karsten,

wir, die Schülerinnen und Schüler Ihrer Schule, sind bei unserem letzten SV-Treffen zu dem Diskussionsergebnis gekommen, dass unsere Schule an dem Wettkampf teilnehmen soll, bei dem das Wissen über die Musikbranche getestet wird. Wir möchten Sie daher bitten, uns die Teilnahme zu ermöglichen. Im Folgenden möchte ich Ihnen als Schulsprecherin unseren Standpunkt näher erläutern.

Durch die Teilnahme an diesem Wettbewerb wird das Image der Schule gestärkt, da man sehen würde, dass sich unsere Schülerinnen und Schüler einsetzen und für ihre Schule kämpfen würden. Was wäre jedoch, wenn wir schlecht abschneiden würden? Sie fragen sich bestimmt, ob es in so einem Fall für das Image unserer Schule nicht unvorteilhaft wäre, an so einem Wettbewerb teilzunehmen, da eine niedrige Platzierung auf mangelndes Wissen zurückzuführen sein könnte. Eltern, die ihr Kind zum Beispiel an unserer Schule anmelden wollen oder deren Kinder schon auf unsere Schule gehen, könnten so Zweifel bekommen, ob unsere Schule die richtige für ihr Kind wäre und ist und ob es hier genug lernt. Doch die Eltern müssten sich keine Sorgen machen, weil unsere Schule gerade durch den Wettkampf verdeutlichen würde, dass sie zum Beispiel offen für Aktionen ist, die die Schülerinnen und Schüler interessieren. Dieses Interesse würde Leistungsbereitschaft bei den Schülerinnen und Schülern hervorrufen, wodurch sie besser lernen würden.

Wir alle entwickeln bei dem Wettbewerb viel Ehrgeiz, denn wir möchten gut abschneiden und einen Preis gewinnen. Dies würde sich auch auf den Unterricht und andere außerunterrichtliche Veranstaltungen auswirken. Das hätte zur Folge, dass wir Schüler zum Beispiel auch beim nächsten Sportturnier mit viel Ehrgeiz an die Sache herangehen werden, weil wir besser sein möchten als unsere Konkurrenten.

Durch die Teilnahme an dem Wettkampf würde zwar Unterricht ausfallen, aber ersetzt so ein Wettbewerb nicht viele Musikstunden? Natürlich ist es Ihnen gesetzlich vorgegeben, den Unterricht stattfinden zu lassen, doch würde der Wettbewerb unseren Schülerinnen und Schülern zusätzlich etwas bringen, da sie die seltene Gelegenheit bekämen, außerunterrichtliche Erfahrungen zu sammeln. Das heißt, wir würden unsere Team- und Sozialfähigkeit erweitern, indem wir uns gemeinsam für die ganze Schule einsetzen, und wir würden unser Selbstbewusstsein stärken, indem wir vor einer Jury auftreten müssten. Und um den Unterrichtsverlust so gering wie möglich zu halten, würden wir, die SV, vorschlagen, diesen Tag so zu organisieren wie einen Studientag, also den Schülern Aufgaben für zu Hause mitgeben. So würden wir Schüler etwas über Musik lernen und hätten gleichzeitig den Unterrichtsstoff für den Tag vorbereitet.

Meinen Sie nicht auch, dass unsere Schule durch den Wettbewerb die Möglichkeit bekommt zu zeigen, dass sie bereit ist, das Wissen der Schüler auch in Nebenfächern wie zum Beispiel Musik zu erweitern und zu fördern? So könnten wiederum Schüler, die in manch anderen Fächern nicht so gut sind, beweisen, dass auch sie etwas können und haben vielleicht so auch einmal Erfolgserlebnisse.
Daher bitten wir, die Mitglieder der SV, Sie, Ihre Meinung noch einmal zu überdenken, und hoffen, dass Sie uns die Teilnahme an diesem Musikwettbewerb gestatten werden.
Bei Fragen stehe ich Ihnen gerne jederzeit zur Verfügung.
Mit freundlichen Grüßen
Ronja Baginski, Schülersprecherin

D 3 Eine Erörterung gliedern

Seite 56

1. a): Kontra-These
   b): Pro-These
   c): Pro-These
   d): Kontra-These

Seite 58

2. Der Schreiber ist dafür, dass Schülerinnen und Schüler das Internet, das sie bislang in der Schule nur für Unterrichtszwecke nutzen dürfen, künftig auch privat nutzen können.

   A) = 1. (Einleitung, Teil 2)
   B) = 2.2.3 (stärkstes Argument für die These, die vertreten wird)
   C) = 2.1.3 (stärkstes Argument für die These, die nicht vertreten wird)
   D) = Überleitungssatz von 2.1.zu 2.2
   E) = 2.2.1 (nicht so starkes Argument für die These, die vertreten wird)
   F) = 3. (Schluss)
   G) = 2.1.2 (starkes Argument für die These, die nicht vertreten wird)
   H) = 3. (Schluss)
   I) = 1. (Einleitung, Teil 1)

   Es ergibt sich folgende Reihenfolge: I), A), C), G), D), E), B), H), F).

D 4 Eine Erörterung in sechs Schritten erarbeiten

Seite 59

1. Umstellung der Ernährungsform, Neugestaltung des Schulalltags, Ablehnung und Zustimmung

2. – Teilaufgabe ❶: Es sollen verschiedene Aussagen gefunden werden, die für oder gegen eine Einführung von Vollwertkost sprechen.
   – Teilaufgabe ❷:
   Es soll eine Gliederung für die anstehende Erörterung formuliert werden.
   – Teilaufgabe ❸:
   Mit den erarbeiteten Fakten soll eine Erörterung mit Pro- und Kontra-Gesichtspunkten verfasst werden. Ernährungspyramide beachten!

4. – Grund für die Umstellung der Verpflegung: Neuanfang der Ganztagsschule
   – Unterschiedliche Meinungen von Schülern, Eltern und Lehrern
   – Bedürfnisse der Schüler: kurze Mittagspause
   – Probleme der Eltern: finanzielle Möglichkeiten
   – Probleme von Allergikern: Inhaltsstoffe
   – Kennenlernen von Vollwertkost: Gewöhnung
   – Meinung der Lehrer: leichte Kost am langen Schulalltag, Kampf gegen Übergewicht bei Jugendlichen

Seite 62

Teilaufgaben ❶, ❷ und ❸: siehe Lösungen zu Seite 63, 5. und zu Seite 65/66, 12.–14.

Seite 63

5. (Teilaufgabe ❶)

für eine Einführung	Das Kennenlernen von vollwertigem Essen. In der Freizeit wird zu häufig auf Fastfood ausgewichen.
	Allergiker können hier ohne Probleme essen. Sie können sich genau informieren, welche Inhaltsstoffe verwendet wurden.
	Damit kann der Fettleibigkeit vorgebeugt werden. Außerdem ist es sinnvoll, beim Lernen nicht zu gehaltvolle Mahlzeiten zu sich zu nehmen.
gegen eine Einführung	Akzeptanz der Mensa mit gleichzeitiger Einführung von Vollwertkost ist nicht gegeben.
	Der finanzielle Aspekt: Viele Eltern, die mehrere Kinder haben, können das Essen nicht bezahlen. So kann es passieren, dass Kinder mittags gar nichts essen.
	Wichtige Inhaltsstoffe bleiben nicht erhalten. Durch die Zubereitung in der Mensa ist es nicht sicher, dass die Kost vollwertig bleibt.

6. Ein Gesichtspunkt muss ersetzt werden:
   z. B. Kontra-Aspekt: Zeitaufwand bei der Herstellung von Vollwertkost
   z. B. Pro-Aspekt: Geschmack der Vollwertkost ist viel besser

7. Aus der Pyramide kann man entnehmen, welche Lebensmittel man sparsam oder reichlich zu sich nehmen sollte. Man sollte zum Beispiel auf tierische Fette eher verzichten, Obst und Gemüse jedoch regelmäßig essen.
   Außerdem kann man der Pyramide entnehmen, dass regelmäßige körperliche Aktivitäten positive Auswirkungen auf den Körper haben.
   Auch auf die Notwendigkeit des regelmäßigen Trinkens weist die Pyramide hin.

Seite 64

8. Individuelle Schülerlösung

9. Weitere mögliche Argumente gegen die Einführung von Vollwertkost:
   - fehlende Akzeptanz der Mensa → keiner geht hin, wenn es keine attraktiven Gerichte gibt → Geld umsonst ausgegeben – – –
   - Art der Zubereitung → Inhaltstoffe werden zerkocht → das Essen ist nicht mehr als Vollwertkost zu bezeichnen. – –
   - Zu teuer für einige Mitschüler → manche haben mehrere Geschwister → dann wird gar nicht gegessen –

10. Weitere mögliche Argumente für die Einführung von Vollwertkost:
    - Schüler/innen essen dauernd Fastfood → keine Auseinandersetzung mit vollwertigem Essen
    - für Allergiker geeignet → Inhaltstoffe sind bekannt oder können auf bestimmte Bedürfnisse eingestellt werden → Krankheiten wird vorgebeugt oder ihnen Rechnung getragen
    - an langen Schultagen wir leichtverdauliche Kost angeboten → der Fettleibigkeit wird so vorgebeugt → unbewusst wird Gesundheitserziehung durchgeführt

11. siehe Lösungen zu 9. und 10.

Seite 65

12. a)
    - Der Schreiber von Gliederung A ist für die Einführung von Vollwertkost in der Schulmensa. Er beginnt mit Gesichtspunkten gegen die Einführung von Vollwertkost in der Schulmensa.
    - Der Schreiber von Gliederung B ist gegen die Einführung von Vollwertkost in der Schulmensa. Er beginnt mit Gesichtspunkten für die Einführung von Vollwertkost in der Schulmensa.

    b) Teilaufgabe 2
    Mögliche Gliederung:

Gliederung A	Gliederung B
1. Einleitung	A Einleitung
Thema: Einführung von Vollwertkost in der Schulmensa – informieren über das Problem – weitere Daten verwenden (Ernährungspyramide)	Thema: Einführung von Vollwertkost in der Schulmensa – informieren über das Problem – weitere Daten verwenden (Ernährungspyramide)
2. Hauptteil	B Hauptteil
2.1 Gegen die Einführung	B 1 Für die Einführung
2.1.1 zu teuer für einige Mitschüler – höhere Preise wegen geringerem Absatz – Vergleich Bio-Laden mit Supermarkt	B 1.1 leichte Kost für lange Tage – leichteres Lernen – „voller Bauch studiert nicht gern"
2.1.2 weniger Freizeit – Essenszeit verkürzt Entspannung – Schüler wollen etwas mit Klassenkameraden unternehmen	B 1.2 geeignet für Allergiker – Einstellung auf bestimmte Bedürfnisse – krank durch falsche Kost
2.1.3 falsche Zubereitung – Inhaltsstoffe werden zerkocht – keine Vollwertkost mehr	B 1.3 zu viele übergewichtige Schüler – Fastfood, wenig Sport – Freizeitverhalten/Untersuchungen
2.2 Für die Einführung	B 2 Gegen die Einführung
2.2.1 zu viele übergewichtige Schüler – Fastfood, wenig Sport – Freizeitverhalten/Untersuchungen	B 2.1 falsche Zubereitung – Inhaltsstoffe werden zerkocht – keine Vollwertkost mehr
2.2.2 geeignet für Allergiker – Einstellung auf bestimmte Bedürfnisse – krank durch falsche Kost	B 2.2 weniger Freizeit – Essenszeit verkürzt Entspannung – Schüler wollen etwas mit Klassenkameraden unternehmen
2.2.3 leichte Kost für lange Tage – leichteres Lernen – „voller Bauch studiert nicht gern"	B 2.3 zu teuer für einige Mitschüler – höhere Preise wegen geringerem Absatz – Vergleich Bio-Laden mit Supermarkt
3. Schluss: deutlich für die Einführung von Vollwertkost in der Schulmensa aussprechen oder Kompromiss vorschlagen	C Schluss: deutlich gegen die Einführung von Vollwertkost in der Schulmensa aussprechen oder Kompromiss vorschlagen

E Angeleitete Übungen zum Leseverstehen

E 1 Wozu Werbung?

Seite 69

1 b) Laut Text ist Werbung der Versuch der zwangfreien Meinungsbeeinflussung durch besondere Kommunikationsmittel.

2 Damit soll ausgedrückt werden, dass die Menschen schon über die Produkte verfügten, die sie für ihre Existenz brauchten. Deshalb wurden manche Produkte nicht mehr so häufig gekauft. Mit „Sättigung" ist also gemeint, dass es keinen Bedarf mehr gibt.

3 „Potenzielle Käufer" sind die zukünftigen Kunden, d. h. die Menschen, die dieses Produkt wahrscheinlich kaufen würden. Der Ausdruck „potenziell" bedeutet „möglich".

4

Abschnitt	Zeilenangaben	Überschrift
1	Z. 1–16	Einleitung: Definition von Werbung / jeder wird beeinflusst / Werbung ist überall
2	Z. 17–54	Ziele der Werbung / Entwicklung der Werbung
3	Z. 55–88	Grenzen der Werbung für Kinder und Jugendliche: Jugendmedienschutz-Staatsvertrag
4	Z. 89–98	Beschränkung der Lockvogelangebote
5	Z. 99–119	Beschränkung der vergleichenden Angebote
6	Z. 120–126	Bedeutung der Online-Werbung

5 Werbeträger: Kino, Internet, Zeitschriften, Fernsehen, Werbeflächen in den Straßen (Plakate, Litfassäulen ...), Zeitungen, Stars, Sport (Trikots von Mannschaften, Banner im Stadion ...)

Seite 70

6 a) Der Text „Wozu Werbung?" gibt einen Überblick über die Bedeutung und die Grenzen der Werbung.
Begründung: Meiner Ansicht nach passt die Aussage a) am besten zum Text, da dieser zuerst beschreibt, wie Werbung definiert wird (Z. 1–16) und wozu Werbung eigentlich dient. Damit wird die Bedeutung der Werbung deutlich. Im weiteren Verlauf werden die Grenzen der Werbung beschrieben, denn es wird dargestellt, welche Beschränkungen, d. h. „Grenzen" es bei der Werbung für die Zielgruppe der Kinder und Jugendlichen gibt (Z. 55–88) und welche Werbung nur eingeschränkt möglich ist, nämlich „Lockvogelangebote" und „vergleichende Werbung" (Z. 91–107). Der erste und der letzte Abschnitt passen allerdings besser zur Aussage c). Aussage b) bezieht sich lediglich auf den zweiten Sinnabschnitt, in dem auf die Entwicklung der Werbung eingegangen wird.

7 a) trifft zu, b) trifft zu, c) trifft nicht zu, d) trifft nicht zu, e) trifft zu, f) trifft zu

Seite 71

8 Ziele der Werbung:
- Erhöhung des Gewinns und damit Steigerung des Absatzes (Z. 25–28)
- Erschließung neuer Käufergruppen (Z. 49)
- bessere Kundenbindung (Z. 50)
- das zu verkaufende Produkt ins beste Licht rücken (Z. 104–106)
- neue, verrückte Ausdrucksformen finden (Z. 56–57)
- potenzielle Käufer ins Geschäft locken (Z. 95–96)

9 b) Neologismus

10 b) Der Nebensatz (Gliedsatz) gibt die Bedingung für die vorangestellte Hauptaussage an.

Seite 72

11 zu a): In der Werbung für die Zielgruppe der Kinder und Jugendlichen dürfen keine jugendgefährdenden Medien eingesetzt werden. Das könnten zum Beispiel pornographische Filmausschnitte sein oder Computerspiele, die erst ab 18 Jahren geeignet sind. Diese Einschränkung wird in Paragraph 6b) ff. weiter erläutert, denn Werbung darf nicht dazu führen, dass Kindern und Jugendlichen körperlich oder seelisch Schaden zugefügt wird, wie das bei den oben genannten Beispielen der Fall sein könnte.

12 c) Der Autor möchte mit seinem Text einen kurzen Überblick über die Entwicklung der Werbung geben sowie über ihre Bedeutung und ihre Grenzen informieren.

13 unzulässig
Begründung: Meiner Ansicht nach ist diese Art der Werbung unzulässig, da durch diese Aussagen das Produkt der Firma xy, der Müsliriegel, herabgesetzt wird (Z. 116). Durch die Bezeichnung mit dem Ausdruck „minderwertige Ware" wird der Schokoriegel gleichzeitig verunglimpft (Z. 117). Anders wäre es, wenn man in der Werbung die Inhaltsstoffe (Ballaststoffe und Vitamine) in genauen Angaben gegenübergestellt hätte. Dann hätte der Kunde sich zwischen den Produkten selbst entscheiden können, denn dann hätte es sich um überprüfbare Angaben gehandelt (Z. 118–119).

E 2 Deutschland sucht den Superstar

Seite 74

1. a) trifft nicht zu
   b) trifft zu
   c) trifft nicht zu
   d) trifft zu
   e) trifft zu

Seite 75

2. a) Er erscheint selten in der Öffentlichkeit.
   b) Das Album hat sich sehr gut verkauft. Das Album war ein Erfolg.
   c) Ein Vertrag mit sehr schlechten Bedingungen.

3. b) Konjunktiv

4. c) … dass es sein könnte, dass der Sänger kostenlos innerhalb der Sendung DSDS für sich wirbt.

5. Zur besten Sendezeit so viele Zuschauer regelmäßig vor die Mattscheibe zu bekommen, ist sonst nur Thomas Gottschalk mit „Wetten dass …?“ gelungen.

Seite 76

6. c) Die Show beruht auf einer erfolgreichen und durchdachten Sendestruktur.

7. a) Es handelt sich um eine rhetorische Frage, auf die vom Leser keine Antwort erwartet wird.

8. individuelle Schülerlösung

E 3 Stadionverbot auf Verdacht

Seite 78

1. c) ist richtig.

2. b) ist richtig.

3. Es müssen keine Beweise vorliegen, dass er sich an Gewalttätigkeiten beteiligt hat.

Seite 79

4. c) ist richtig.

5. a) passt zu Abschnitt 3.
   b) passt zu Abschnitt 1.
   c) passt zu Abschnitt 0.
   d) passt zu Abschnitt 4.
   e) passt zu Abschnitt 2.

6. a) in seiner Handlungsweise, in seiner Verfahrensweise
   b) Vorbeugungsmaßnahme
   c) Stadionverbote müssen leicht ausgesprochen werden können. / Die Bedingungen für Stadionverbote dürfen nicht zu schwer sein.

7. Die Vereine sind verpflichtet, ihre friedlichen Zuschauer vor Gewalt zu schützen.

Seite 80

8. a) ist richtig.

9. a) Fußballfans, die nur an Gewalt und nicht am Fußball interessiert sind
   b) Fußballfans, die nur wegen des Fußballs ins Stadion kommen

10. a) ist richtig.

11. Mögliche Meinung: Ich stimme dieser Aussage zu. Randalierer haben im Stadion nichts verloren. Wer mit ihnen zusammen ist und nichts gegen ihr zerstörerisches Verhalten unternimmt, macht sich mitschuldig. Denn Randalierer fühlen sich nur in der Gruppe stark und beginnen mit der Randale, wenn sie das Gefühl haben, dass sie von der Gruppe gedeckt werden. Wer dieses Verhalten nicht akzeptiert und gemeinsam mit anderen eingreift oder den Sicherheitsdienst informiert, kann Schlimmeres verhindern und so auch andere Stadionbesucher schützen.

F Prüfungsaufgaben Berlin Mittlerer Schulabschluss

F 1 Prüfungsaufgaben 2009

LESEKOMPETENZ –
Aufgaben zu Text 1 „Ein Hemd mit Aussage"

Seite 83
101 b

Seite 84
102 50er Jahre: Revolte
60er Jahre: Emanzipation
70er Jahre: Markenfixierung
80er Jahre: Gemütlichkeit

103 mehr als zwei Milliarden

104 20 Cent

105 (a) luftig, nimmt wenig Raum ein
(b) einsetzbar als Handtuch oder weiße Fahne

106 Mithilfe einer Aufschrift auf dem T-Shirt kann man aussprechen, was man denkt und so seine Meinung deutlich machen.

107 Körperbehaarung und Tätowierungen sollten verhüllt werden.

108 Wirkmaschine, Cottonmaschine

Seite 85
109 (a) Wolle ist schweißtreibend.
(b) nach dem ersten Weltkrieg

110 b

111 Coco Chanel

112 201

113 Indem man einen BH über dem T-Shirt trägt und so ein öffentliches Verkehrsmittel betritt.

114 d

Seite 86
115 (a) ausgehendes 19. Jahrhundert
(b) Matrosen

116 c

117 Kinderarbeit, ungünstige Arbeitsbedingungen

118 Unsitte, geschmackliche Entgleisung

SPRACHWISSEN UND SPRACHBEWUSSTSEIN –
Aufgaben zu Text 1 „Ein Hemd mit Aussage"

151 Unterhemd, Sporthemd

152 (a) 3, Alliteration
(b) 2, Personifikation

Seite 87
153 z. B. fest, sicher

154 In einem einzigen T-Shirt liegen <u>zehn Kilometer Faden</u> in Maschen.

155 Die T-Shirts <u>tragen</u> keine Logos – eine Leinwand, weiß, schwarz, zur Gestaltung freigegeben.

156 z. B. Rundhalsausschnitt, Weltkrieg, Baumwolle …

157 d

158 HS, NS, NS, NS

159 (Akkusativ-) Objekt

Seite 88
160 kausaler Nebensatz

161 z. B. auszugeben, anzulegen

162 nachgestellte Beifügung, Erläuterung/Ergänzung des Subjekts

163 (a) Perfekt
(b) Präsens
(c) Präteritum

164 Fashion-Designer Helmut lang sagt, es sei das einzige Kleidungsstück, das sich unseren Wünschen völlig unterwerfe.

LESEKOMPETENZ –
Aufgaben zur Grafik „Zugewandert – abgewandert"

Seite 89
201 Zuzüge nach Deutschland, Fortzüge aus Deutschland

202 c

203 1991 bis 2005/14 Jahre

204 2005

Seite 90
205 1992

206 1993

207 b

208 1998

209 Statistisches Bundesamt

210 2006

211 abnehmende Tendenz für Zu- und Fortzüge

LESEKOMPETENZ – Aufgaben zu Text 3 „Der Vorleser"

Seite 93
301 Er ist 15 Jahre alt.

302 sein Vater

303 sechs Personen

304 (a) 4
(b) 3
(c) 2
(d) 3

305 Sie ahnt, dass Michael lügt bzw. nicht die Wahrheit sagt.

306 (a) körperlich
(b) verbal

307 d

Seite 94
308 „Ich gehe morgen wieder zur Schule." (Zeile 12)

309 (a) falsch
(b) richtig
(c) falsch
(d) falsch
(e) richtig

310 c

SPRACHWISSEN UND SPRACHBEWUSSTSEIN – Aufgaben zu Text 3 „Der Vorleser"

351 c

Seite 95
352 (a) 3
(b) 2
(c) 1

353 erwachsen

354 a

355 Ich hatte sie sehr lieb.

356 b

357 (a) 3 → Superlativ
(b) 2 → Komparativ

SCHREIBKOMPETENZ – Aufgaben zu Text 4 „Schülertext"

Seite 96
481 (a) „Die Gruppenarbeitsatmosphäre war <u>cool</u> und hat mir generell gut gefallen.
Umformulierung: z. B. großartig, fantastisch
(b) dass wir das als Gruppe gut <u>hingekriegt</u> haben.
Umformulierung: z. B. hinbekommen, gelöst

Seite 97
482 (a) denn Film → den Film
(b) ans arbeiten → ans Arbeiten
(c) beim nächsten mal → beim nächsten Mal

483 (a) Auch wenn es zeitweise so aussah, als ob wir es nicht mehr schaffen würden, verlief unsere Präsentation dann ja doch relativ problemlos.
(b) Besonders Anna war oft ein kleiner Störfaktor, da sie oft Kommentare abgegeben hat, die nicht immer passend waren.

484 Insgesamt hat mir die Arbeit an einem Filmprojekt gut gefallen, weil es Spaß gemacht hat und man etwas gelernt hat.

485 z. B.: Zu Beginn, Anfangs, Zuerst

SCHREIBKOMPETENZ – Aufgaben zu Text 5 „Erstellen eines Zeitplans"

Seite 99
<u>Pro-Argumente:</u>
581 1 → f

582 4 → c

583 7 → g

584 8 → e

<u>Kontra-Argumente:</u>
585 2 → h

586 3 → a

587 5 → b

588 6 → d

SCHREIBKOMPETENZ –
Verfassen eines formalen Briefes

Seite 100

Berlin, den 20. Mai 2009

Jessica Berlin
Potsdamerstr. 321
11111 Berlin

An
Berlin Aktuell
Scheibenstr. 65
19888 Berlin

Leserbrief zum Artikel: Aufregende Abende, kurzfristige Verabredungen – Das Handy verändert das Verhalten Jugendlicher

Sehr geehrte Redaktion des Jugendmagazins „Berlin Aktuell",

in Ihrer letzten Ausgabe veröffentlichten Sie einen Artikel zum Thema, wie das Handy das Verhalten der Jugendlichen verändert. Ich bin der Ansicht, dass der vielseitige Gebrauch des Handys tatsächlich einen sehr starken Einfluss auf das Verhalten und die Kommunikation der Jugendlichen hat.
Meine Meinung möchte ich durch zwei Argumente genauer erläutern. Ganz wichtig ist für mich, dass mit dem Handy eine einfache und schnelle Kontaktaufnahme und Kommunikation möglich ist. Durch einen Anruf oder eine SMS kann man jeden zu jeder Zeit an jedem Ort anrufen bzw. ansimsen. Sich spontan zu verabreden, wird so viel leichter. Gäbe es das Handy nicht, müsste man immer über das Festnetz telefonieren. Das setzt voraus, dass man ständig zu Hause sitzt. Durch das Handy sind wir Jugendlichen freier und mobiler geworden.
Doch das Handy ist für die meisten viel mehr als ein Telefon. Mit dem Handy können wir fotografieren, Musik hören und spielen, wenn wir mal alleine unterwegs sind. Diese Funktionen werden natürlich von uns gern genutzt. Mit dem Ergebnis, dass wir nicht nur mehr Musik hören, sondern auch viel mehr fotografieren als zu der Zeit als es noch keine Handys gab. Auch ich fotografiere meine Freundinnen mindestens einmal die Woche.
Das Handy erleichtert und beeinflusst also unseren Alltag sehr, es ist nützlich, um sich zu verabreden oder auch wenn man mal alleine ist, um zu spielen oder in der U-Bahn Musik zu hören.
Doch dass jeder Jugendliche ein Handy besitzt und gebraucht, hat nicht nur Vorteile. Ich möchte auf zwei Aspekte eingehen, die verdeutlichen, dass der Handygebrauch auch seine negativen Auswirkungen auf das Verhalten der Jugendlichen hat. Mich stört es sehr, dass viele gar nicht mehr ohne ihr Handy auskommen. Normale Unterhaltungen sind nicht mehr möglich, wenn jemand andauernd aufs Handy guckt, angerufen wird oder SMS lesen und beantworten will. Das nervt ungemein. Eine Freundin von mir war im Urlaub mal ohne Netz, sie wurde deshalb ganz kribbelig. Sie ist völlig von ihrem Handy abhängig.
Andere benutzen das Handy, um ihren Freund zu kontrollieren. Eine Bekannte von mir verlangte von ihrem Freund, dass er ihr jede Stunde simste, wo er sich gerade aufhält und was er macht. Das geht meines Erachtens viel zu weit. Doch diese Fälle von Kontrollwahn sind bei Pärchen, die ein Handy und eine Flatrate besitzen, wohl gar nicht so selten.
Wie Sie erkennen können, übertreiben es einige Jugendliche mit dem Handygebrauch und ihr Verhalten wird so negativ beeinflusst.
Im Ganzen bleibe ich aber bei meiner Meinung, dass das die Erfindung des Handys mit allen seinen Funktionen ein großer Gewinn für uns Jugendliche ist und unser Verhalten noch weiter positiv verändern wird. Ich gehe auch davon aus, dass das Handy nicht nur Jugendliche, sondern auch Erwachsene in ihrem Verhalten beeinflusst, denn auch Erwachsene schießen gerne ein Foto mit dem Handy und verabreden sich spontan über SMS.

Mit freundlichen Grüßen

Jessica Berlin

F2 Prüfungsaufgaben MSA Berlin 2010

LESEKOMPETENZ –
Aufgaben zu Text 1 „Der wahre Entdecker Amerikas"

Seite 105

101 (a) 14. September 1769
(b) Alexander Georg von Humboldt
(c) Marie Elisabeth von Humboldt
(d) Wilhelm von Humboldt
(e) Schloss Tegel, Berlin
(f) Kameralistik
(g) Chemie und Physik
(h) Schnellstudium an der Bergakademie Freiberg

102 Wilhelm galt als talentierter.

103 (a) Wechsel an die Universität Göttingen zum Chemie- und Pyhsikstudium.
(b) Aufbruch nach Südamerika
(c) Rückkehr nach Berlin

Seite 106

104 Ländergruppe 3

105 b

106 Seine Mutter hatte ihm Geld vererbt.

107 Die Seekarten waren ungenau, man war von Wind und Wetter abhängig.

108 richtig: b, c
falsch: a, d, e

109 Zwar hat Alexander von Humboldt den amerikanischen Kontinent nicht selbst entdeckt (im Sinne von „gefunden"), fand durch seine umfangreichen Forschungsreisen aber viel mehr darüber heraus als dessen eigentliche Entdecker.

110 Mangelernährung, gefährliche Tiere

Seite 107
111 eine Gasmaske, mit der sich Bergarbeiter gegen giftige Grubengase schützen konnten

112 Alexander von Humboldt brachte wissenschaftliches Interesse mit, anstatt den Drang zu erobern oder unterwerfen. Seine Forschungen brachten bisher Unbekanntes ans Licht, dies sind die Wohltaten, die Alexander von Humboldt Amerika erwiesen hat.

SPRACHWISSEN UND SPRACHBEWUSSTSEIN – Aufgaben zu Text 1

151 Charles Darwin nannte ihn den größten lebenden Wissenschaftler.

152 begabt

153 Humboldt und der französische Botaniker Aimé Bonpland

154 etwas aufgeben, beenden

155 (a) Präteritum
(b) Plusquamperfekt
(c) Perfekt

Seite 108
156 Um die Vorzeitigkeit des Geschehens auszudrücken.

157 1

158 c

159 (a) Dativ-Objekt
(b) Prädikat
(c) Subjekt
(d) Akkusativ-Objekt
(e) Adverbiale Bestimmung des Ortes

160 Simón Bolívar urteilte, dass Alexander von Humboldt Amerika mehr Wohltaten erwiesen habe, als seine Eroberer.

161 Naturforscher, Forschungsreise

162 Es handelt sich hier nicht um eine Aufzählung, sondern es soll betont werden, dass Alexander von Humboldt der größte reisende Wissenschaftler war.

Seite 109
163 „... ich bin nie so gesund gewesen wie in den letzten zwei Jahren"

LESEKOMPETENZ – Aufgaben zu Text 2 „Die Vermessung der Welt"

Seite 111
201 die Erschütterungen der Erde

202 d

203 richtig: a, e
falsch: b, c, d

204 Vermutlich hielt er den Sklavenhandel für unmenschlich und wollte zumindest einen kleinen Teil zur Befreiung der Sklaven beitragen.

205 richtig: c
falsch: a, b, d, e

206 richtig: a, b

Seite 112
falsch: c, d

207 Vögel, die in der Höhle lebten.

208 Der Führer will nicht weitergehen, weil nach seinem Glauben das Totenreich an dieser Stelle beginnt.

209 c, e

210 c

211 hundertfünfzig Fuß

212 gleichgültig, überfordert

Seite 113
213 a

SPRACHWISSEN UND SPRACHBEWUSSTSEIN – Aufgaben zu Text 2

251 (a) HS
(b) NS
(c) HS

251 (a) wird zurückkehren
(b) war zurückgekehrt
(c) kehrt zurück

253 Konjunktiv

254 c

Seite 114
255 (a) Nomen
(b) Verb
(c) Artikel
(d) Nomen
(e) Präposition
(f) Possessivpronomen
(g) Nomen

256 Der Erzähler distanziert sich vom Inhalt der im Text wiedergegeben Aussagen.

LESEKOMPETENZ –
Aufgaben zu den Grafiken „Wie die Deutschen reisen"

Seite 116
301 zur Ruhe kommen; Sonne/Wärme; Besichtigungen

302 Bayern

303 67 Euro

304 unterdurchschnittlich

305 c

Seite 117
306 (a) Ausgaben für Nahrung
(b) Übernachtungskosten

307 c

308 Balkendiagramm
Kreisdiagramm
Kurvendiagramm

309 Kosten für die Anreise (Flug)

310 Frankreich

311 Der Trend geht dahin statt eines langen Urlaubes mehrere kurze zu machen.

SCHREIBKOMPETENZ –
Überarbeiten eines Schülertextes"

Seite 118
481 Filmkritik

482 im

483 Schauspieler

484 dass

485 blausilbrig

486 seinem

487 außerdem

488 … sie schauen gerade noch unter dem Kopftuch hervor./ Man kann sie unter dem Kopftuch gerade noch hervorschauen sehen.

489 gebunden

490 dicke

Seite 119
491 ziemlich

492 In seiner Rolle als Pirat wirkt Johnny Depp sicher als Traumtyp, gar nicht brutal, aber trotzdem wild und abenteuerlustig.

SCHREIBKOMPETENZ –
Aufgaben zu Text 5 „Erstellen eines Schreibplans"

These:
„Das Einstellen persönlicher Inhalte eröffnet Chancen und ist unbedenklich."

Seite 120
581 Welche Vor- und Nachteile bringt das Einstellen persönlicher Daten im Internet mit sich?

582 – Im eigenen Bekanntenkreis ist es bereits vorgekommen, dass persönliche Daten missbraucht wurden.
– Auch die Medien berichten ständig über Vorfälle dieser Art.

583 Argument 1: Das Internet ermöglicht die weltweite-Verbreitung eigener Talentvideos.
Argument 2: Es gibt Möglichkeiten, persönliche Daten im Internet zu schützen.

584 Beleg 1: Plattenfirmen suchen neue Talente im Internet.
Beleg 2: Man kann ins Internet gestellte Fotos durch die Vergabe von Passwörtern ausschließlich Freunden zugänglich machen.

585 Argument 1: Die Weitergabe einiger persönlicher Daten ist sowieso unumgänglich.
Argument 2: Man kann sehr viele Kontakte knüpfen und sich vernetzen.

586 Beleg 1: Bei Online-Käufen muss man z.B. Namen und Adresse angeben.
Beleg 2: Man kann sehr viele Kontakte knüpfen und sich vernetzen. Berufliche und private Beziehungen können gepflegt und erweitert werden.

Gegenthese:
„Das Einstellen persönlicher Inhalte ist riskant."
587 Argument 1: Das Internet kann ein ‚Karrierekiller' sein.
Argument 2: Das Internet ‚vergisst' nichts.

588 Beleg 1: Arbeitgeber informieren sich zunehmend bei Schüler-VZ und finden unseriöse Fotos.
Beleg 2: Scheinbar gelöschte Daten können wiederhergestellt werden.

589 Argument 1: Persönliche Daten können von Fremden missbraucht werden.
Argument 2: Persönliche Beziehungen können aufgrund der eigenen Selbstdarstellung gestört werden.

590 Beleg 1: Unter deinem Namen werden bei eBay Geschäfte getätigt.
Beleg 2: Enge Freunde wenden sich ab, nachdem sie deine Videos auf YouTube gesehen haben.

591 Wer seine Daten schützen, aber nicht auf das Internet verzichten will, sollte genau darauf achten, welche Informationen er dort preisgibt.

593 Eigene Positionierung: Ich bin ich sozialen Netzwerken vertreten, aber nur meine Freunde haben Zugriff auf meine Daten und Fotos. Öffentliche Bereiche sind so gestaltet, dass zukünftige Arbeitgeber keinen Anstoß daran nehmen können.

SCHREIBKOMPETENZ – Umsetzen eines Schreibplans: Verfassen einer Erörterung

Seite 121

Lösungsvorschlag

Durch das Internet ist die Welt größer und zugleich auch kleiner geworden. Größer, weil wir alles im Internet finden können, kleiner, weil auch wir im Internet gefunden werden. Da jeder nach uns im Internet suchen kann, stellt sich damit auch Frage, ob man überhaupt gefunden werden will. Denn schließlich lesen wir immer wieder in der Zeitung oder auch Internet, dass persönliche im Internet veröffentlichte Daten missbraucht werden. Selbst in meinem Bekanntenkreis ist das schon vorgekommen.
Doch betrachten wir die Frage doch mal genauer: Welche Vor- und Nachteile bringt es mit sich, wenn man persönliche Inhalte ins Internet stellt?
Viele Menschen halten es für unbedenklich, wenn man persönliche Inhalte im Internet veröffentlicht. Einige gehen sogar davon aus, dass die Veröffentlichung neue Chancen eröffnet. Diese Chancen ergeben sich vor allem durch soziale Netzwerke. Denn man kann dort sehr schnell viele Kontakte knüpfen und sich in Gruppen zu seinen Interessen vernetzen. Ich kann in den Netzwerken meine Freunde treffen, mit ihnen chatten und vieles besprechen.
Darüber hinaus kann ich mich über viele Themen und auch mögliche Berufe, die mich interessieren, schnell informieren. So gibt es Netzwerke, auf denen man sich möglichen Arbeitgebern vorstellen kann. Viele haben dort schon eine neue Arbeitsstelle gefunden. Das funktioniert natürlich nur, wenn man persönliche Daten von sich veröffentlicht. Wer aber nicht möchte, dass alle seinen Namen, Anschrift oder seine Fotos sehen können, der kann seine Daten durch entsprechende Einschränkungen schützen. Dann können nur die Personen bzw. Freunde, die man selbst zugelassen hat, diese Daten sehen.
Allerdings ist das Veröffentlichen persönlicher Inhalte auch riskant. So haben sich schon einige Fotos und Aktivitäten im Internet als ‚Karrierekiller' erwiesen. Jeder Arbeitgeber, der etwas auf sich hält, informiert sich in sozialen Netzwerken über seine Bewerber. Wenn er im Schüler-VZ dann Fotos von ausgelassenen Partys oder Beiträge über Alkoholexzesse findet, dann wird er den Bewerber wohl kaum einstellen.
Außerdem können Freundschaften im richtigen Leben durch übertriebene Selbstdarstellung im Internet leiden. Es ist schon vorgekommen, dass sich Freunde im richtigen Leben von einem abgewandt haben, wenn sie Fotos oder auch Videos von einem im Netz sehen, die ihnen nicht gefallen.
Doch wie soll man sich nun verhalten? Mein Vorschlag ist, dass man sehr genau darauf achtet, welche Daten man wem preisgibt. Wer seine Daten schützen will und nicht auf das Internet verzichten möchte, der sollte nur seinen Freunden und zwar seinen Freunden, die er auch im richtigen Leben persönlich kennt, gestatten, seine Daten und Fotos zu sehen.
Des Weiteren sollte man darauf achten, sich in seinen Beiträgen oder auf seiner Seite so darzustellen, wie man ist und keinen Betrachter vor den Kopf stoßen.
Ich bin im Internet auch in sozialen Netzwerkseiten vertreten. Dabei habe ich mein Profil auf privat gestellt, sodass nur meine Freunde mich dort sehen können. Bei meinenm Profilfoto, das ja jeder sehen kann, achte ich darauf, dass es nicht langweilig, aber auch nicht provozierend ist. Ich weiß ja, dass zukünftige Arbeitnehmer mitlesen und im Internet nach Informationen über mich suchen werden.

FiNALE Prüfungstraining

Berlin

Mittlerer Schulabschluss 2012

Arbeitsheft

Deutsch

Dr. Jelko Peters

Mit Beiträgen von
Peter Delp
Andrea Heinrichs
Harald Stöveken
Martina Wolff

westermann

Liebe Schülerin, lieber Schüler,

unter **www.finaleonline.de** findest du interaktive Testaufgaben, mit denen du vorab deinen Leistungsstand ermitteln kannst. Das Testergebnis verweist dann auf bestimmte Aufgaben in diesem Arbeitsheft, mit denen du zu deinem Fehlerschwerpunkt üben kannst.
Außerdem findest du auf der Website die Original-Prüfungsaufgaben 2011 mit ausführlichen Lösungen. Sobald die Prüfungsaufgaben zur Veröffentlichung freigegeben sind, kannst du die Materialien mit folgendem Codewort kostenlos herunterladen:

BE2012-demsa

Druck A[2] / Jahr 2011
Alle Drucke der Serie A sind im Unterricht parallel verwendbar.

Redaktion: Katrin Spiller
Kontakt: finale@westermann.de
Layout und Herstellung: Sandra Grünberg
Umschlaggestaltung: Sandra Grünberg
Satz: KCS GmbH, Buchholz / Hamburg
Druck und Bindung: westermann druck GmbH, Braunschweig

ISBN 978-3-14-**171286**-5

Inhaltsverzeichnis

Verwende bei Aufgaben mit diesem Zeichen ◷ eine Uhr, damit du ein Gefühl für die Bearbeitungszeit bekommst.

Was erwartet dich in diesem Heft?

Du bist in der 10. Klasse und vor dir liegt die Abschlussprüfung, das große Finale. Darauf will dich dieses Heft vorbereiten. Es gibt dir die Möglichkeit,

1. dein Sprachwissen und dein Leseverstehen zu trainieren sowie zu verschiedenen Sachtexten und literarischen Texten zu arbeiten,
2. dich mit früheren Prüfungsaufgaben und ihren Anforderungen vertraut zu machen.

Im **Teil A** erhältst du Hinweise, wie du dich zweckmäßig auf die Prüfung vorbereiten kannst. An Beispielen lernst und wiederholst du wichtige Arbeitstechniken und Strategien.

In den **Teilen B und C** lernst du die verschiedenen Aufgabentypen kennen. Zu Sachtexten und literarischen Texten findest du Prüfungsbeispiele mit Aufgaben zum Leseverstehen, zum Sprachwissen und Schreibaufgaben, in denen du dein Wissen gezielt anwenden kannst. Bezogen auf die Aufgabenstellungen erhältst du wichtige Lösungshilfen, worauf du bei der Erschließung der Texte achten musst. Da man am besten lernt, wenn man etwas tut, bearbeitest du in sechs Schritten Schreibaufgaben zu Sachtexten und Schreibaufgaben zu literarischen Texten. Zu jedem Arbeitsschritt – von der ersten Orientierung bis zum Überarbeiten deines Textes – bekommst du wichtige Informationen und hilfreiche Tipps. Der **Teil E** bietet angeleitete Aufgaben zum Thema Erörtern, der **Teil D** bietet weitere Übungen zum Leseverstehen. Natürlich gibt es auch ein Lösungsheft, in dem du die Richtigkeit jedes Arbeitsschrittes überprüfen kannst; außerdem findest du zu jedem Prüfungsbeispiel eine Musterlösung.

Der **Teil F** enthält zwei schriftliche Prüfungsbeispiele zum mittleren Schulabschluss aus den Jahren 2009 und 2010, die du jetzt ohne Hilfe bearbeiten kannst. (Im Unterschied zu den Prüfungsbeispielen wird im Finale-Arbeitsheft die Du-Form beibehalten. In der schriftlichen Prüfungsarbeit wird man dich siezen.)
Die zentrale Prüfungsarbeit 2011 ist zum Zeitpunkt der Drucklegung dieses Arbeitsheftes noch nicht geschrieben worden. Sobald die Original-Prüfungsaufgaben zur Veröffentlichung freigegeben worden sind, können sie unter www.finaleonline.de zusammen mit ausführlichen Lösungen kostenlos heruntergeladen werden.

Mit dem **Glossar** ab Seite 122 endet dieses Arbeitsheft zur Abschlussprüfung. Hier kannst du wichtige Grundbegriffe zur Erschließung von literarischen Texten und Sachtexten nachschlagen.

In diesem Arbeitsheft findest du Schreibraum für wichtige vorbereitende Notizen.
Darauf verweist in den Prüfungsvorlagen (auf blauem Fond) dieses Zeichen:
Deinen Text zur Schreibaufgabe musst du allerdings auf einem Extrablatt anfertigen.
Dies gilt auch, wenn du bei bestimmten Aufgaben diesem Zeichen begegnest:

Damit du ein Gefühl für die zur Verfügung stehende Arbeitszeit bekommst, solltest du dir bei diesen Prüfungsaufgaben eine Uhr stellen (siehe Seite 11). Achte auf das Zeichen mit der Uhr:

Wir hoffen, dass du dich nach der Bearbeitung dieses Heftes sicher für das Finale fühlst, und wünschen dir für die Prüfung viel Erfolg: Toi, toi, toi.

Weitere Grundlagen und Tipps findest du übrigens im FINALE BASISWISSEN. Dort werden dir noch mal an Beispielen die wichtigsten Aufgabentypen und Arbeitstechniken sowie sprachliche und literarische Grundbegriffe erläutert.

Das Autorenteam

A Vorbereitung auf die Abschlussprüfung

Das Wort „Abschlussprüfung" klingt für manche furchterregend. Im Grunde ist sie jedoch nur die letzte Klassenarbeit, die du an deiner Schule schreiben wirst. Und Erfahrungen mit Klassenarbeiten hast du doch bereits! Eine gute Vorbereitung hilft dir, dich optimal auf diese letzte Hürde einzustellen.

Wovon kannst du ausgehen?

Der **Termin für die Abschlussprüfung** steht bereits seit Langem fest. Er wird dir sehr frühzeitig von deiner Lehrerin bzw. deinem Lehrer mitgeteilt. Du erarbeitest im Unterricht verschiedene **Texte und Textsorten**, die dir bei der Vorbereitung helfen. In der Regel wirst du in der Jahrgangsstufe 10 auch eine Klassenarbeit unter den Bedingungen der Abschlussprüfung schreiben, sodass dir der **Ablauf der Prüfung** (die Aufgabenstellung und die Bearbeitungsdauer) bereits bekannt ist und du dich gut darauf einstellen kannst.

Im Folgenden erhältst du Anregungen für die Vorbereitung und wichtige Hinweise auf die Prüfung.

A 1 Arbeitstechnik: Lernprotokolle anlegen – Vorbereitung auf die Themen

In der Abschlussprüfung werden die Aufgaben zu einem Thema gestellt, mit dem du aus dem Alltag vertraut bist. Es werden deine Kompetenzen im Leseverstehen und Schreiben sowie dein Sprachwissen getestet. So kannst du dich auf die drei Bereiche vorbereiten:

Im Unterricht:

Texte zu den drei Prüfungsbereichen bearbeiten

Mit Finale:

Mit dem Arbeitsheft
Strategien für die Bearbeitung von Prüfungsvorlagen erarbeiten und in den weiteren Prüfungsbeispielen anwenden
Mit dem Basiswissen
Grundwissen erarbeiten und wiederholen, Arbeitstechniken und Aufgabenbeispiele trainieren

Eigene Recherchen:

- Gespräche mit Mitschülern, Eltern, Bekannten über die Prüfungsbereiche und die im Unterricht behandelten Themen führen
- Im Internet recherchieren
- Informationen aus Zeitungen und Zeitschriften einholen

1. Welche Themen und Texte habt ihr bis jetzt im Unterricht besprochen? Liste sie auf.

Folgende Texte haben wir im Unterricht schon behandelt:

____

____

____

____

____

____

____

2. Schau dir dieses Lernprotokoll an.
   - Welche Informationen enthält es?
   - Wo findest du wichtige Hinweise für die weitere Vorbereitung?

   Die Kurzgeschichte „Rein äußerlich" findest du in diesem Heft auf Seite 45.
   Auf der nächsten Seite findest du ein Lernprotokoll als Kopiervorlage.

TIPP

Lege zu jedem Text, den du bearbeitest, ein Lernprotokoll an.
Sammle in einem Portfolio (Sammelmappe) die bearbeiteten Texte, die Lernprotokolle und die Ergebnisse deiner Recherchen. So hast du einen guten Überblick über den Stand deiner Prüfungsvorbereitung.

Lernprotokoll

Datum	Titel	Textsorte	Ablageort
17.02.2011	D. Marwig: Rein äußerlich	Kurzgeschichte	Finale, S. 45

Das will ich mir merken:

1. Zum Thema / Inhalt: (Stichpunkte zum Text / wichtige Gedanken / Merkmale der Textsorte)
- Kurzgeschichte: Alltagssituation
- Inge, deutsche Halbtagskraft im Supermarkt
- sieht fremdländisch aus
  → wird deshalb von Kollegin für Türkin gehalten
- Wortwahl der Kollegin: unhöfliche Anrede („He, Sie!"), schreit, gibt Befehle
- Kollegin entschuldigt sich.
- Inge entschuldigt sich (ironisch?) für ihr Aussehen.

2. So verstehe ich den Text:
- Thema „Ausländerfeindlichkeit"
- Vorurteile werden nur am Aussehen festgemacht.
- Unhöfliche Wortwahl hält Kollegin anscheinend gegenüber Ausländern für angemessen.

3. Das habe ich geübt / das muss ich noch üben:
- Inhaltszusammenfassung
- Merkmale der Kurzgeschichte genauer ansehen!
- Einleitung formulieren

4. Bemerkungen: (Das halte ich für wichtig / Bezüge zu anderen Texten vermerken / passende Internetadressen ergänzen)
- Schlusssatz noch nicht richtig verstanden
  → bei Anne nachfragen!

Kopiervorlage

Lernprotokoll

Datum	Titel	Textsorte	Ablageort

Das will ich mir merken:

1. Zum Thema / Inhalt: (Stichpunkte zum Text / wichtige Gedanken / Merkmale der Textsorte)

2. So verstehe ich den Text:

3. Das habe ich geübt / das muss ich noch üben:

4. Bemerkungen: (Das halte ich für wichtig / Bezüge zu anderen Texten vermerken / passende Internetadressen ergänzen)

A 2 Arbeitstechnik: Merkmale von Textsorten wiederholen und einprägen – Lernposter erstellen

In der Abschlussprüfung wirst du unterschiedliche Texte bearbeiten. Dabei musst du häufig die Textsorte benennen und die Merkmale am Text nachweisen.

INFO

Texte lassen sich aufgrund von Merkmalen (Form, Inhalt, Aussageabsicht) bestimmten Textsorten zuordnen. Bekannte Textsorten sind z. B. Märchen, Fabel, Sage, Gedicht, Erzählung, Zeitungsbericht, Reportage, Kommentar …
Zur Gruppe der **literarischen Texte** gehören alle Texte, deren Handlung ausgedacht (fiktional) ist.

Zur Gruppe der **Sachtexte** gehören Texte, die tatsächliche Ereignisse, Sachverhalte und Zusammenhänge darstellen oder dazu Stellung nehmen. Zu dieser Gruppe gehören Zeitungstexte und Texte aus Sachbüchern (z. B. Schulbüchern).

1. Die Merkmale der Textsorten unten solltest du dir einprägen.
   Die Beschreibung der Textsorten findest du im Glossar (S. 122–126) oder im FINALE-Basiswissen.
   Schreibe zu diesen Textsorten die Merkmale stichwortartig auf Karteikärtchen.
   Dadurch behältst du die Merkmale besser.
   Vermerke auch, wo dir schon entsprechende Texte begegnet sind.

2. Die Abbildung zeigt dir, wie du ein Lernposter anlegen kannst.
   In welche Spalten musst du die Textsortenkärtchen jeweils aufkleben?
   Trage die Namen der Textsorten unten ein.

TIPP

Hänge das Lernposter dort auf, wo du oft hinschaust. Präge dir die Textsorten ein.

Lernposter

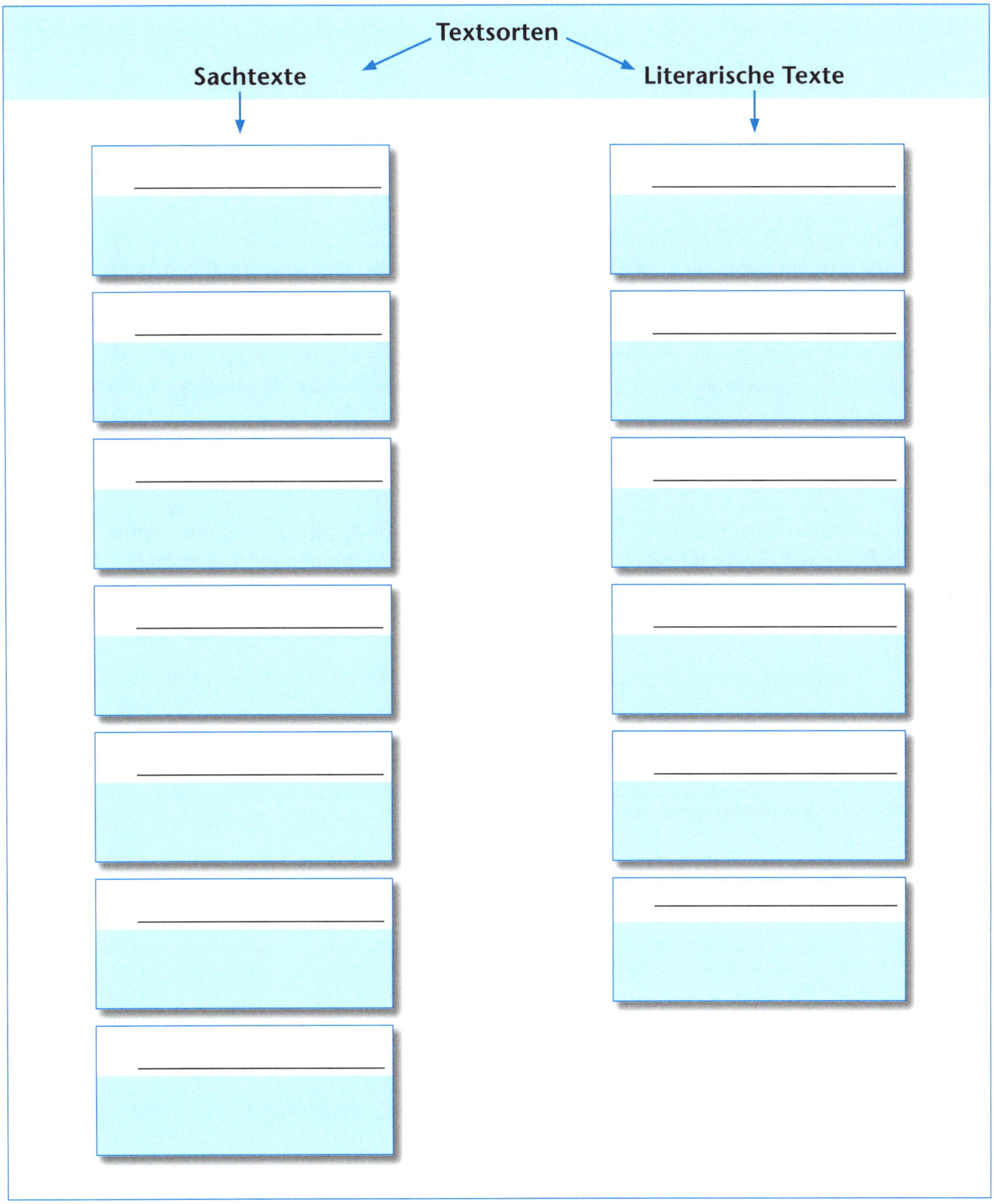

A 3 Zeitorganisation

A 3.1 Wie viel Zeit hast du in der Prüfung?

INFO

Die schriftliche Abschlussprüfung in Deutsch dauert 180 Minuten. Sie bestand im Jahr 2010 aus vier Teilen:

Teil 1: Prüfung des Leseverstehens und des Sprachwissens an einem Sachtext.
Du sollst zeigen, dass du den Inhalt eines Textes verstanden hast und über sprachliches Wissen verfügst.

Teil 2: Prüfung des Leseverstehens und des Sprachwissens an einem literarischen Text.
Die Aufgaben sind ähnlich wie im Teil 1. Wieder sollst du zeigen, dass du den Inhalt eines Textes verstanden hast und über sprachliches Wissen verfügst.

Teil 3: Prüfung des Leseverstehens an einer Grafik.
Die Aufgaben überprüfen, ob du einer Grafik die richtigen Informationen entnehmen kannst.

Teil 4: Schreibaufgabe.
Deine Schreibkompetenz wird durch zwei verschiedene Aufgabentypen geprüft. Zum einen werden dir Aufgaben zur Textüberarbeitung gestellt und zum anderen schreibst du selbst einen Text, in dem du dich mit einem Problem argumentativ auseinandersetzt.

1. Für die Bearbeitung der jeweiligen Prüfungsteile werden keine zeitlichen Vorgaben gemacht. Rechne selbst aus, wie viel Zeit dir für die einzelnen Prüfungsteile zur Verfügung steht. Überprüfe, wie viel Zeit du tatsächlich für die Bearbeitung benötigst.

___

8.00 8.30 9.00 9.30 10.00 10.30 11.00 11.30 12.00

2. In diesem Heft findest du in den Teilen B bis F verschiedene Prüfungsbeispiele. Schreibe die Seitenangaben auf.

   Aufgaben zur Lesekompetenz und zum Sprachwissen:

   ___

   ___

   ___

   Schreibaufgaben:

   ___

   ___

A 3.2 Erfahrungen auswerten: Zeitplanung und Zeitkontrolle

1. Für die Bearbeitung der Prüfung hast du 180 Minuten Zeit. Es ist daher wichtig, dass du ein Gefühl für die Zeit bekommst. Bearbeite die Prüfungsbeispiele in den Teilen B bis E deshalb immer mit einer Uhr. Halte fest, wie viel Zeit du für die einzelnen Arbeitsschritte einplanst und wie viel Zeit du tatsächlich benötigst.
   Wie viele Minuten planst du ein?

a) Prüfungsaufgaben 2009 (siehe S. 81)	geplante Zeit	benötigte Zeit
1. Teil: Prüfung des Leseverstehens und des Sprachwissens an einem Sachtext		
2. Teil: Prüfung des Leseverstehens an einer Grafik		
3. Teil: Prüfung des Leseverstehens und des Sprachwissens an einem literarischen Text		
4. Teil: Schreibaufgabe		
	Zusammen 180 Minuten	

b) Prüfungsaufgaben 2010 (siehe S. 103)	geplante Zeit	benötigte Zeit
1. Teil: Prüfung des Leseverstehens und des Sprachwissens an einem Sachtext		
2. Teil: Prüfung des Leseverstehens und des Sprachwissens an einem literarischen Text		
3. Teil: Prüfung des Leseverstehens an einer Grafik		
4. Teil: Schreibaufgabe		
	Zusammen 180 Minuten	

c) weitere Übungen	geplante Zeit	benötigte Zeit
1. Teil: Prüfung des Leseverstehens und des Sprachwissens an einem Sachtext		
2. Teil: Prüfung des Leseverstehens und des Sprachwissens an einer Grafik		
3. Teil: Prüfung des Leseverstehens und des Sprachwissens an einem literarischen Text		
4. Teil: Schreibaufgabe		
	Zusammen 180 Minuten	

2. Notiere: Wo gab es Abweichungen von deiner Planung?
   Welche Schlüsse ziehst du daraus?

____

____

____

A 4 Arbeitstechnik: Im Wörterbuch nachschlagen

Das Wörterbuch ist für die Abschlussprüfung ein wichtiges Hilfsmittel:
- Du benötigst es zum Klären von unbekannten Wörtern.
- Du kannst nachschlagen, um die Rechtschreibung von Wörtern zu überprüfen. Das ist vor allem für die Überarbeitung eigener Texte wichtig.

1. Erkläre, welche Bedeutung die unterstrichenen Wörter im Textzusammenhang haben. Benutze dein Wörterbuch.

Will man <u>effektiv</u> handeln, um möglichen Folgen der <u>globalen</u> Erderwärmung entgegenzuwirken, so ist es unerlässlich zu erforschen, was uns in der Zukunft erwarten könnte. Nur dann sind zielgerichtete <u>Strategien</u> möglich. In der Vergangenheit wurden dazu Hunderte von Studien mit unterschiedlichen Ergebnissen <u>publiziert</u>. Aber durch die <u>Komplexität</u> der Vorgänge ist auch jetzt noch vieles unklar.

effektiv handeln: ______________________

____

globale Erderwärmung: ______________________

____

zielgerichtete **Strategien:** ______________________

____

wurde **publiziert:** ______________________

____

Komplexität der Vorgänge: ______________________

____

TIPP

1. Bei Fremdwörtern gibt es oft mehrere Bedeutungen. Um die richtige Bedeutung herauszufinden, mache die Einsetzprobe: Setze jede angegebene Bedeutung im Text an die Stelle des Fremdwortes. Welche Bedeutung ist im Textzusammenhang sinnvoll? Prüfe und wähle aus.
2. Manche Wörter findet man nicht auf Anhieb im Wörterbuch, weil sie im Text in veränderter Form vorkommen. Gehe daher vor dem Nachschlagen so vor:
   - Bilde von gebeugten Verben die Grundform (den Infinitiv): *aß → essen.*
   - Bilde bei Nomen die Einzahlform (Singular): *Kakteen → Kaktus.*
   - Schlage bei zusammengesetzten Wörtern erst unter dem ersten Wortteil nach. Wenn dort die Wortzusammensetzung nicht zu finden ist, musst du auch den zweiten Wortteil nachschlagen:
   - Reflexionsprozess: → *Reflexion* → *Prozess.*

2. In dem folgenden Text befinden sich sechs Rechtschreibfehler. Streiche falsch geschriebene Wörter durch und schreibe sie unten richtig auf.

Durch gewachsenes Umweltbewustsein sind viele Landflechen als Schutzgebiete ausgewiesen worden. Besonders am Meer ist der zugang zu sehr gefärdeten Gebieten für Menschen beschrängt. Dadurch soll verhindert werden, dass die Schäden, die bereits durch extreme Stürme endstanden sind, durch die Menschen verstärkt werden.

____

____

A 5 Arbeitstechnik: Schaubilder auswerten

Häufig findest du in Prüfungsaufgaben auch Schaubilder. Diese enthalten Zusammenfassungen von Daten, die nach bestimmten Gesichtspunkten geordnet sind. Um den Schaubildern die richtigen Informationen entnehmen zu können, musst du sie richtig lesen und verstehen können.

Auf der nächsten Seite findest du verschiedene Diagramme (= Darstellung von Zahlenwerten in einem Koordinatensystem). Am Beispiel A erfährst du, wie du ein solches Diagramm auswerten kannst. In gleicher Weise kannst du die anderen Diagramme bearbeiten.

Erster Schritt: Sich orientieren

1. Worum geht es in dem Schaubild A? Notiere stichpunktartig.

Thema: ______________________________

Zahlenangaben: ______________________________

graue Säulen: ______________________________

blaue Säulen: ______________________________

Vergleiche zwischen: ______________________________

____

____

____

TIPP zum ersten Schritt

1. Lies die Überschriften und Erläuterungen. Um welches Thema geht es?
2. Welche Zahlenangaben werden gemacht? Werden sie in Prozent, Promille oder in absoluten Zahlen (z. B. in Tausend) angegeben?
3. Worauf beziehen sich diese Angaben?
4. Was wird miteinander verglichen?

Zweiter Schritt: Den Inhalt des Schaubildes erfassen und stichpunktartig aufschreiben

2. Schreibe die Informationen auf, die du dem Schaubild entnehmen kannst.

____

____

____

____

____

TIPP zum zweiten Schritt

1. Sieh dir das Schaubild genauer an. Welche Merkmale haben die größten Werte?
2. Welche Merkmale haben geringe Werte?
3. Welche Merkmale liegen in der Mitte?

Dritter Schritt: Aufgabenstellung beantworten und Ergebnisse aufschreiben

3. Beantworte die Aufgaben zu Schaubild A. Achte genau auf die Aufgabenstellung.

____

____

____

____

TIPP zum dritten Schritt

1. Formuliere in ganzen Sätzen.
2. Verwende folgende Formulierungen:
   es gibt weniger als …
   mehr als bei …
   genauso oft …
   seltener …
   auffällig ist, dass …

Schaubild A: Säulendiagramm
Erneuerbare Energien in Deutschland

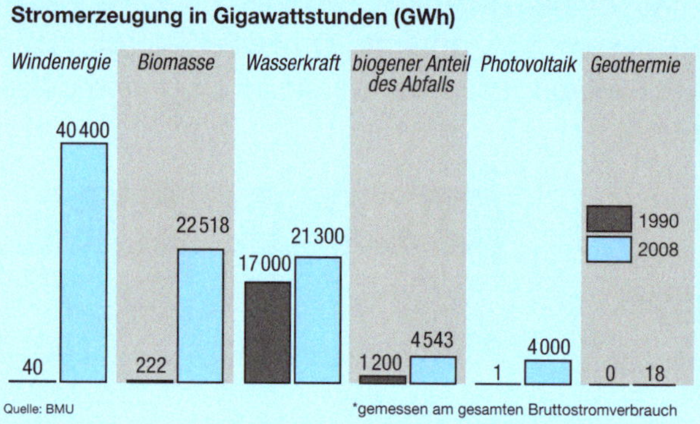

INFO

Säulendiagramme zeigen oft absolute Zahlen an. Die Länge der Säule gibt einen Zahlenwert an, den man meist auf der y-Achse ablesen kann. Neben der x-Achse wird angegeben, worauf sich die Säulen beziehen.

Aufgaben:
1. Welche Art der Energieerzeugung hat von 1990 bis 2008 den größten Zuwachs erzielt?
2. Vergleiche den Anteil von Windenergie und Wasserkraft 1990 und 2008.

Schaubild B: Kreisdiagramm
Stromverbrauch in Deutschland
Was private Haushalte verbrauchen

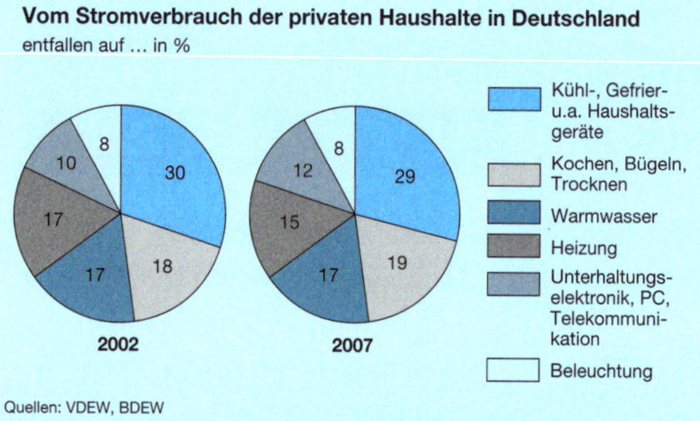

INFO

Kreisdiagramme zeigen die prozentuale Zusammensetzung einer Gesamtmenge. Dabei ist der Kreis in mehrere Teile unterteilt, die jeweils den Anteil an der Gesamtmenge wiedergeben.

Aufgaben:
1. Wie hoch war der Stromverbrauch für Unterhaltungselektronik in den Jahren 2002 und 2007?
2. In welchen Bereichen wurde 2007 im Vergleich zu 2002 weniger, wo mehr verbraucht?

Schaubild C: Verlaufsdiagramm
Die Entwicklung der Straftaten und der Aufklärungsrate

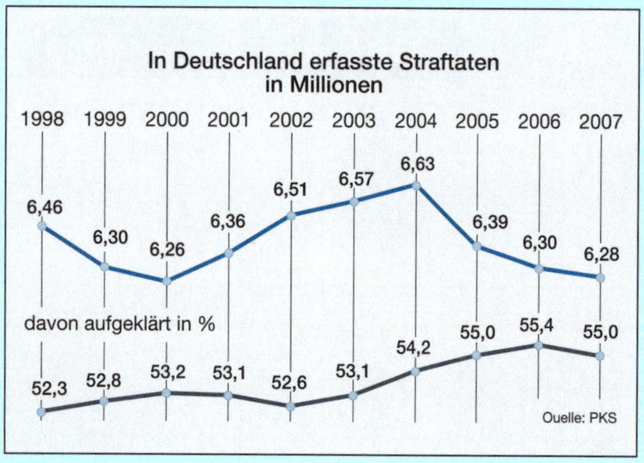

INFO

Kurven- oder Liniendiagramme eignen sich dazu, Daten von verschiedenen Zeitpunkten grafisch zu vergleichen.

Aufgaben:
1. In welchen Jahren nahm die Zahl der aufgeklärten Straftaten im Vergleich zum Vorjahr ab?
2. In welchem Zeitraum ist ein Anstieg der erfassten Straftaten zu verzeichnen?

Schaubild D

Übung: Ein Schaubild auswerten

In der Prüfungsarbeit wird dir eine Grafik vorgelegt, die du dann untersuchen musst. Bearbeite zur Übung folgende Aufgaben.

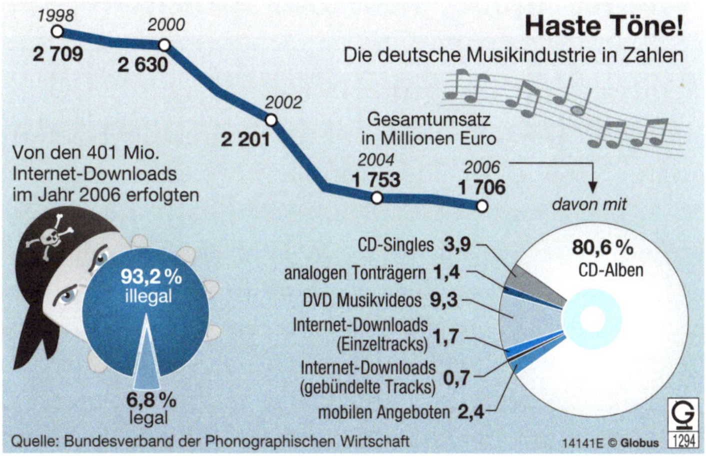

1. Notiere den Zeitraum, für den die Daten des Diagramms unten rechts erhoben wurden.

___

2. Die Grafik informiert dich über verschiedene Bereiche. Kreuze die richtigen Antworten an.

   a) Die Grafik informiert über den Umsatz der Tonträgerindustrie. ○

   b) Die Grafik informiert über die Anteile der verkauften Tonträger. ○

   c) Die Grafik informiert über die Legalität von Musikdownloads. ○

3. Wie stark sank der Gesamtumsatz der Tonträgerindustrie (in Millionen)?

   a) Er sank um etwa eine Million Euro. ○

   b) Er sank um etwa eine halbe Million Euro. ○

   c) Er sank gar nicht. ○

4. a) Notiere, in welchem Zeitraum die Tonindustrie die größten Verluste erlitt.

   ___

   b) Notiere, in welchem Zeitraum die Tonindustrie die geringsten Verluste erlitt.

   ___

5. Stelle fest und notiere, welche Tonträger 2006 a) am häufigsten und b) welche am wenigsten verkauft wurden.

   a) ___

   b) ___

6. 2006 waren über 400 Millionen Internet-Downloads illegal. Kreuze an, ob die Aussage richtig oder falsch ist.
   Die Aussage ist richtig ○ Die Aussage ist falsch ○

7. Stelle fest, wer die Daten für die Grafik lieferte.

   ___

8. Bei der rechten Grafik handelt es sich um ... Kreuze die richtige Antwort an.

   a) ein Kreisdiagramm ○ b) ein Säulendiagramm ○ c) ein Kurvendiagramm ○

A 6 Wiederholung: Test zum Sprachwissen und zum Sprachbewusstsein

25 Jahre – und so gut wie tot

Anfang der 80er-Jahre war sie eine technische Revolution: Die CD veränderte das Musikhören gewaltig. Und in den 90ern gab sie PC-Nutzern endlich den Speicherplatz, den sie brauchten. In diesen Tagen wird die CD 25 Jahre alt. Ein Grund zum Feiern ist das nicht: Der Silberling ist vom Aussterben bedroht. [...] War die Welt zum 20. Jubiläum der CD noch in Ordnung und schien ihre Stellung unangreifbar, wackelt ihr Thron inzwischen deutlich. Mit dem Dateiformat MP3 emanzipiert sich die Musik von ihrem Speichermedium, kann auf beschreibbare CDs ebenso wie auf Festplatten geladen werden – aus dem Internet und ohne CD. Mit dem iPod wird der CD endgültig der Kampf angesagt – Festplatte gegen CD. Viele Jugendliche verzichten für ihre Musiksammlung heute auf die in die Jahre gekommenen Silberlinge – die sie allenfalls noch für die Sicherungskopien ihrer Computerprogramme brauchen.

1. Notiere die ersten sechs Verben des Textes und bestimmte ihre Zeitformen.

	Verb	Zeitform
1		
2		
3		
4		
5		
6		

2. a) Wandle den folgenden Satz ins Aktiv um:
„Mit dem iPod wird der CD endgültig der Kampf angesagt“ (Z. 7)

b) Wandle den folgenden Satz ins Passiv um.
„Viele Jugendliche verzichten für ihre Musiksammlung heute auf die in die Jahre gekommenen Silberlinge“ (Z. 8/9)

3. In Zeile 5/6 heißt es „Mit dem Dateiformat MP3 emanzipiert sich die Musik von ihrem Speichermedium“. Erkläre die Bedeutung des Verbs „emanzipieren“.

4. Bestimme den Modus (die Aussageweise) des Prädikats in dem Satz „ihre Stellung schien unangreifbar" (Z. 4/5). Kreuze die richtige Antwort an.

   a) Indikativ ○

   b) Konjunktiv I ○

   c) Konjunktiv II ○

5. In dem Satz „Ein Grund zum Feiern ist das nicht" (Zeile 3) wird das Wort „das" verwendet. Es handelt sich dabei um …
   Kreuze die richtige Antwort an:

   a) einen Artikel ○

   b) ein Relativpronomen ○

   c) ein Demonstrativpronomen ○

6. a) „Anfang der 80er-Jahre war sie eine technische Revolution: Die CD veränderte das Musikhören gewaltig." Verbinde die beiden Sätze so, dass ein Hauptsatz und ein Gliedsatz (Nebensatz) entstehen.

   ____

   ____

   b) Notiere ein Erkennungsmerkmal des Gliedsatzes (Nebensatzes).

   ____

7. In den letzten fünf Zeilen steht ein Relativsatz. Notiere ihn.

   ____

   ____

8. „War die Welt zum 20. Jubiläum der CD noch in Ordnung und schien ihre Stellung unangreifbar, wackelt ihr Thron inzwischen deutlich". Formuliere den Satz so um, dass die Wörter „Jubiläum" und „wackelt ihr Thron" passend ersetzt werden.

   ____

   ____

   ____

9. Bestimme die Wortart von „aus" in dem Satzglied „aus dem Internet" (Zeile 7).
   Kreuze die richtige Antwort an

   a) Präposition ○

   b) Pronomen ○

   c) Adverb ○

10. „Ein Grund zum Feiern ist das nicht." (Z. 3). Begründe die Großschreibung von „Feiern" mit einer Regel.

   ____

B Angeleitete Prüfungsaufgaben zum Thema Berlin

B 1 Überprüfung des Leseverstehens am Beispiel eines Sachtextes und eines Schaubildes: Jugendarbeitslosigkeit in Berlin

Die Aufgaben zum Leseverstehen überprüfen, ob du einen Text richtig gelesen und verstanden hast. Dazu musst du richtige Lösungen ankreuzen, Lückentexte ausfüllen, Aussagen aus dem Text erklären oder Stellung zu bestimmten Standpunkten nehmen. Voraussetzung für die Bearbeitung der Aufgaben ist, dass du zuerst den Text gründlich erschließt: Unterstreiche dazu unbekannte Begriffe und kläre sie, markiere Schlüsselstellen, finde Überschriften zu Sinnabschnitten usw.
Lies die Aufgabenstellungen ganz genau und vergewissere dich mithilfe der passenden Textstellen, dass deine Antworten zutreffen.

1. Diese Prüfungsvorlage wurde bereits bearbeitet. Überprüfe und korrigiere die Antworten.
An manchen Stellen war der Schüler unsicher. Du findest dort Fragezeichen **??**.
Sie sind ein Hinweis für dich, diese Antworten genau zu überprüfen.

Jugendarbeitslosigkeit in Berlin

Yasmin El-Sharif: Die steigende Arbeitslosigkeit erreicht die unter 25-Jährigen. Das könnte schwere Folgen haben.

Die Krise am Arbeitsmarkt ist nun auch bei den jungen Beschäftigten angekommen. Verloren in den vergangenen Monaten in erster Linie noch Zeitarbeiter* ihre Jobs, sind jetzt die unter 25-Jährigen dran. „Wenn es den Unternehmen schlecht geht, entlassen sie in der Regel erst die Jüngeren", sagt Ilona Mirtschin, Sprecherin der Nürnberger Bundesagentur für Arbeit.

* Angestellter einer Zeitarbeitsfirma, der für eine best. Zeit einem anderen Arbeitgeber überlassen wird

Das spiegeln auch die am Donnerstag veröffentlichten Arbeitsmarktdaten für Februar wider. Stieg die Zahl aller gemeldeten Menschen ohne Job im Vergleich zum Vormonat um 1,8 Prozent auf 3,55 Millionen, war der Anstieg bei den Jungen deutlicher: 389 200 meldeten sich im Februar arbeitslos – ein Plus von rund acht Prozent gegenüber dem Vormonat. Das gleiche Phänomen zeigt sich auch in Berlin: Insgesamt stieg hier die Zahl der Arbeitslosen um 1,4 Prozent auf etwas mehr als 242 000. Unter den Jungen meldeten sich im gleichen Zeitraum 25 400 arbeitslos und damit 6,8 Prozent mehr.

Wie viele sind das??

Ursache für die starke Zunahme der Erwerbslosigkeit bei den Jugendlichen sei zum einen, dass viele betriebliche Ausbildungen im Januar endeten, sagt Sprecherin Mirtschin. Wenn die Azubis nicht übernommen würden, müssten sie sich arbeitslos melden. Ein weiterer Grund: Bei jungen Mitarbeitern, die nicht in Ausbildung sind, seien die Verträge meistens befristet. Laufen sie aus, werden sie inzwischen häufig nicht verlängert. Auf dieses Problem weist auch die Hans-Böckler-Stiftung in einer aktuellen Studie hin. Eine weitere Ursache für die steigende Jugendarbeitslosigkeit ist Mirtschin zufolge, dass ein jüngerer Beschäftigter einem Betrieb in der Regel nicht so lange angehört wie ein älterer Mitarbeiter. Müsse ein Betrieb Kündigungen aussprechen, habe der junge Mitarbeiter – der zudem meist noch keine Kinder habe – bei der sogenannten Sozialauswahl* schlechte Karten.

Wie denn auch?!

* es ist dem Arbeitnehmer zu kündigen, den es am wenigsten hart treffen würde

Die im Kündigungsschutzgesetz verankerte Sozialauswahl gibt es zwar

Freiwillige Kündigung??

* Wirtschaftskrise

* hohe Abfindung

nicht erst seit der Krise, aber die Möglichkeiten, um älteren Beschäftigten den Abgang aus einem Unternehmen zu erleichtern, haben seit dem letzten Abschwung* abgenommen. Bekamen ältere Erwerbslose früher noch bis zu 36 Monate Arbeitslosengeld, sind es heute maximal 24 Monate. Auch seien die Unternehmen seltener als früher bereit, ihre älteren Beschäftigten mit einem „goldenen Handschlag"* zu entlassen, meint DGB-Arbeitsmarktexperte Ingo Kolf. Abfindungen fielen mittlerweile einfach kleiner aus.

Kolf zufolge wird die Arbeitslosigkeit unter jungen Beschäftigten daher in den kommenden Monaten in die Höhe schnellen. „Ich gehe davon aus, dass wesentlich mehr junge Leute ihre Jobs verlieren werden als andere." Deutschland verliere dabei seine Vorbildfunktion innerhalb Europas beim Thema Ausbildung, kritisiert er. Denn in guten Zeiten investierten Firmen hierzulande in ihre Azubis, die sie im Abschwung fallen ließen. „Und das vor dem Hintergrund, dass bis vor kurzem noch alle nach Fachkräften gerufen haben."

Die Bundesvereinigung der Arbeitgeberverbände (BDA) räumt ein, dass derzeit nicht mehr alle Auszubildenden in einem Betrieb übernommen werden könnten. „Mit Blick auf den in Ostdeutschland teilweise ja schon dramatischen Nachwuchsmangel werden Arbeitsagenturen und Arbeitgeber alles dafür tun, um die Eintrittsschwelle für Berufsanfänger zu senken", sagte Peter Clever, Mitglied der BDA-Hauptgeschäftsführung, dem Tagesspiegel. Außerdem gebe es noch Lichtblicke: Zu Beginn des neuen Ausbildungsjahres habe es mehr offene Lehrstellen als unvermittelte Bewerber gegeben.

(Erschienen im gedruckten Tagesspiegel vom 27.02.2009)

TIPP zu ① bis ④

1. Lies jede einzelne Aufgabe mehrfach und überlege genau, wie sie gemeint ist.
2. Suche im Text die passenden Stellen und vergleiche beide Aussagen.
3. Formuliere bei Aufgabenstellungen in verneinter Form (z. B. ③) zuerst die Grundaussage. Wie lautet diese Aussage, wenn sie verneint wird? Überprüfe, ob diese Bedeutung zutrifft.

Aufgaben ① – ⑰

Welche der folgenden Aussagen ist richtig?
Beziehe dich dabei auf den Text. Kreuze die richtigen Antworten an.

	richtig	falsch	
① In Berlin müssen sich die Auszubildenden keine Sorgen um ihren Arbeitsplatz machen. Es werden fast alle übernommen.	○	☒	
② Es sind ca. 25000 Jugendliche in Berlin arbeitslos gemeldet.	☒	○	
③ Wer nach seiner Ausbildung in dem Ausbildungsbetrieb weiterarbeitet, dessen Vertrag wird in der Regel nicht mehr befristet.	☒	○	??
④ Es gibt weniger unvermittelte Bewerber als offene Lehrstellen.	○	☒	

TIPP zu ⑤ – ⑩

1. Lies wiederum jede einzelne Aussage mehrfach und suche im Text die passenden Stellen.
2. Hilfreich ist es, wenn du vor der Bearbeitung der Aufgaben den Text gut strukturiert und gegliedert hast: Unterstrichene Schlüsselstellen und Zwischenüberschriften zu den Abschnitten helfen dir, Textstellen schnell zu finden.

Kreuze jeweils an.

	richtig	falsch
⑤ Die Krise des Arbeitsmarkts betrifft junge Arbeitnehmer nicht.	☒	○
⑥ Die Arbeitslosenzahlen sind in Berlin und im übrigen Bundesgebiet gesunken.	○	☒
⑦ Die Sozialauswahl sichert vielen Jugendlichen ihren Arbeitsplatz.	☒	○
⑧ Wer freiwillig während einer Wirtschaftskrise kündigt, erhält von seinem Betrieb eine hohe Abfindung.	○	☒
⑨ Arbeitsmarktexperten gehen davon aus, dass die Arbeitslosenzahlen weiter steigen.	☒	○
⑩ In Ostdeutschland droht ein Fachkräftemangel.	☒	○

⑪ Der Artikel lässt sich in strukturierende Sinnabschnitte einteilen.
Notiere in der Tabelle zu jedem Abschnitt die Zeilenzahlen und ergänze jeweils eine Zwischenüberschrift.

Abschnitt	Zeilenangaben	Überschrift
1	Z. 1–11	Die Arbeitsmarktkrise betrifft auch die Jugendlichen
2	Z. 12–28	Arbeitslosenzahlen steigen
3	Z. 29–54	Gründe für die Arbeitslosigkeit der Jugendlichen
4	Z. 55–71	???
5	Z. 72–87	Arbeitslosigkeit wird weiter ansteigen
6	Z. 88–104	Nachwuchsmangel in Ostdeutschland

TIPP zu ❷

1. Entscheide dich zuerst für einen der angebotenen Vorschläge.
2. Begründe dann deine Entscheidung. Führe auch Argumente an, warum du die anderen Vorschläge ausschließt.
3. Deine Argumente sollten sich auf das Thema, aber auch auf die Textart beziehen.

⓬ Entscheide dich: Wo könnte deiner Ansicht nach der vorliegende Text erscheinen? Kreuze die richtige Antwort an.

Der Text könnte erscheinen in …

a) einer Berliner Tageszeitung. ☒

b) einer Informationsbroschüre für Auszubildende. ○

c) einem Politikbuch zum Thema „Berufswahl". ○

d) einem Protokoll zu einer Berliner Senatssitzung. ○

Begründe deine Wahl in einigen Sätzen.

Ich gehe davon aus, dass der Text in einer Berliner Zeitung erschienen ist. Er ist aktuell, informiert und die Autorin gibt die verschiedenen Positionen zum Thema Jugendarbeitslosigkeit und ihre Folgen wieder. Ich meine, dass der Text nicht in einer Informationsbroschüre oder einem Protokoll erschienen ist. In diesen Texten werden Informationen oder Diskussionsergebnisse zusammengefasst, aber auch Tipps gegeben oder Beschlüsse festgehalten. Das geschieht hier aber nicht. Der Leser muss sich seine Gedanken selber machen. Für ein Buch ist mir der Text zu offen und zu aktuell. Der Text ist eine Momentaufnahme, in einem Buch werden aber oft größere Zusammenhänge dargestellt. Eine Reaktion auf ein Ereignis oder neue Zahlen sind aber typisch für Artikel aus Tageszeitungen.

TIPP zu ⓭ – ⓱

1. Hier wird abgefragt, ob du Text und Schaubild in einen Zusammenhang bringen kannst. Dazu solltest du dir die wichtigsten Aussagen des Schaubildes vorher notieren. Du kannst nur dann schlüssig argumentieren, wenn du die Aussage des Schaubilde verstanden hast.
2. Achte bei deiner Formulierung darauf, dass du den angebotenen Satzanfang sinnvoll weiterführst. Außerdem sollte deine Antwort eindeutig und gut begründet sein.

Der Arbeitsmarkt im Februar 2009
Quoten in %

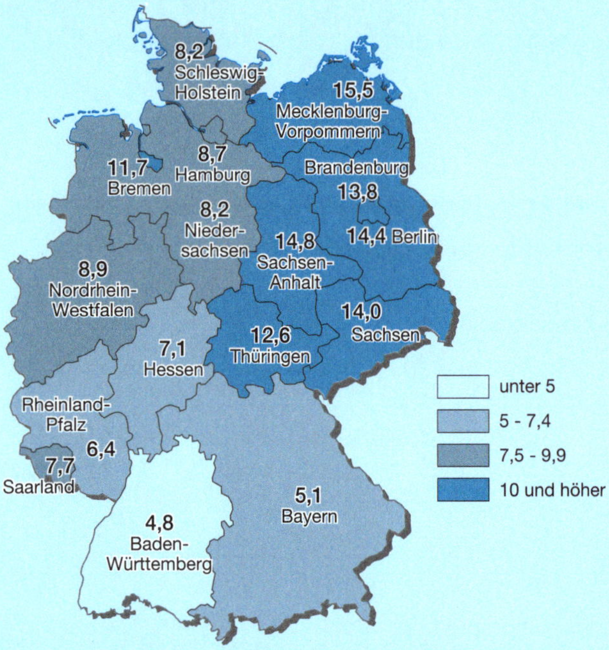

Quelle: AFP (Bundesagentur für Arbeit), Angaben bezogen auf alle zivilen Erwerbspersonen

Vergleich zum Vorjahresmonat

	Quote	Absolute Zahlen
Deutschland		
Febr. 09	**8,5 %**	**3 551 926**
Febr. 08	8,6 %	3 617 443
West		
Febr. 09	**7,0 %**	**2 347 955**
Febr. 08	7,0 %	2 347 344
Ost		
Febr. 09	**14,1 %**	**1 203 971**
Febr. 08	14,8 %	1 270 099
Berlin		
Febr. 09	**14,4 %**	**242 052**
Febr. 08	15,0 %	252 290
Brandenburg		
Febr. 09	**13,8 %**	**185 566**
Febr. 08	14,7 %	198 297

Der Tagesspiegel/Schilli

Kreuze jeweils an.

	richtig	falsch
13 Die Grafik „Der Arbeitsmarkt im Februar 2009" bezieht sich auf die gesamte Bundesrepublik.	☒	○
14 Die Arbeitslosigkeit ist in Berlin am höchsten.	☒	○
15 Die Arbeitslosigkeit ist in Berlin und Brandenburg im Vergleich zum Vorjahr angestiegen.	○	☒
16 Die Arbeitslosigkeit in Brandenburg liegt über dem Durchschnitt Ostdeutschlands.	○	☒

17 Überprüfe kritisch, ob die Grafik geeignet ist, zum Verständnis des Textes beizutragen. Begründe deine Einschätzung.
Ich bin der Meinung, dass die Grafik …

zwar durchaus zum Text passt. Denn die Autorin erwähnt einige Daten aus der Grafik in ihrem Artikel. Allerdings greift sie noch auf weitere Daten zurück, wie zum Beispiel die Jugendarbeitslosigkeit, die aber in dem Schaubild nicht erwähnt wird. Stattdessen stellt die Grafik die Situation des Arbeitsmarkts in ganz Deutschland dar, auf die aber die Autorin nicht eingeht. Die Grafik berührt also nur einen Bereich des Artikels, trotzdem finde ich es wichtig, sie zu sehen.

??

B 2 Überprüfung des Leseverstehens, des Sprachwissens und der Schreibkompetenz am Beispiel einer Kurzgeschichte: Ich bin die Frau Brauer und stehe hier neben Ihrem Mann (Tom Beinlich)

Ich bin die Frau Brauer und stehe hier neben Ihrem Mann

Tom Beinlich

Linie 9. Leopoldplatz Richtung Steglitz. Voll wegen Rush hour. Eine Frauenstimme teilt mir mit, was ich mir fast schon gedacht habe: „Nächster Bahnhof: Amrumer Straße!“ Amrumer Straße steigen zwei, drei Leute zu. Einer davon ein bulliger Bauarbeitertyp mit schmierigen langen Haaren. Riecht nach Schnaps und Zigaretten. Sieht etwas benebelt aus. Nimmt auf dem Klappsitz neben der Tür Platz. Sein Handy spielt eine Melodie von Bach. Er kramt das Ding aus seiner Jacke hervor, hält es sich ans Ohr und berlinert: „Ja!?“ Einigen weiteren Worten ist zu entnehmen, daß es sich bei der Anrufenden wohl um die Dame seines Herzens handeln muß.

„Na, ick bin gerade in der U-Bahn, uffn Wech nach Hause“, sagt der Typ und fügt noch hinzu: „echt!“

Mir gegenüber steht eine Frau in einem Kostüm, Typ Chefsekretärin, die sich für das Gespräch mindestens ebenso zu interessieren beginnt wie ich. Der Typ mit dem Handy schaut erst die Frau, dann mich verzweifelt an und schluckt, als ob er jetzt sehr viel Mut bräuchte. „Na, ick bin hier grad Adenauer, in der Sieben. Halbe Stunde, denn bin ick zu Hause.“

„Nächster Bahnhof: Westhafen!“ flötet es in engelhafter Deutlichkeit durch den Wagen. Die Frau vor mir beißt sich auf die Lippen und der Handymann stützt seinen linken Arm aufs Knie und seine Stirn auf die Faust. Rodins Denker bei einem komplizierten Telefongespräch. Er beginnt zu schwitzen.

„Na, wenn ick's dir doch sage: Ick komm grad von Therapie. Wo soll ick denn sonst jewesen sein, sachma?“

„Nächster Bahnhof: Birkenstraße!“

Der Handymann bemerkt, daß sich inzwischen mehrere Fahrgäste zu ihm hingewandt haben und grinsend auf eine Fortsetzung warten. „Nee, hab ick nich, ehrlich!“ lügt er verzweifelt weiter. „Ick würd dir doch nich anlügen, hörma, kannst ma glooben.“ Er dreht sich soweit es geht von den Fahrgästen ab und versucht, sein Handy mit der hohlen Hand gegen Umweltgeräusche abzuschirmen. „Nächster Bahnhof: Turmstraße!“

Ein verhaltenes Glucksen und Prusten wabert durch den Wagen.

„Nu gloob mir doch. Ick bin direkt vonne Therapie inne U-Bahn. Wie ick dit immer mache.“ Kurze Pause. „Nee, hab ick wirklich nich! Det is vorbei. Det du mir nie gloobst. Ick find det echt enttäuschend.“

„Mutti, was machtn der Mann da?“, fragt ein kleines Mädchen. Und Mutti flüstert nur: „Pscht, erklär ick dir später. Laß erstmal zuende hören.“

Der Handymann fährt sich mit den Fingern durch die feuchtglänzenden Haare und atmet schwer. Er rollt mit den Augen. „Mann, Mädchen, wie oft denn noch? Ick war nirgends. Ick hab nich. Ick schwör't!“

Der halbe Wagen glotzt ihn inzwischen ebenso fröhlich wie dankbar an. Er glotzt zurück. „Na, jetz bin ick, moment mal …“ Er starrt an die Decke und versucht, sich auf dem bunten Liniengewirr des Netzplanes zurechtzufinden.

„Also, eben war Fehrbelliner. Echt! In 20 Minuten bin ick bei dir. Wirste sehen!“ Er ist den Tränen nah.

„Nächster Bahnhof: Hansaplatz!“

Inzwischen packt ihn der Mut desjenigen, der nichts mehr zu verlieren hat. Er brettert in sein Handy: „Na, wat weeß ick denn, wat hier bei die BVG wieder schiefläuft. Die ham wahrscheinlich det falsche Band drin. Kann doch mal passieren, kann ick doch nüscht für.“

Die anderen Fahrgäste sind erschrocken, ergriffen, einige nicken sich anerkennend zu. Die Frau mir gegenüber spitzt die Lippen. „Toll, wie der Mann lügen kann“, scheint sie zu denken.

„Nu wird's mir aber echt zu bunt hier!“ Der Handymann ist inzwischen aufgestanden, stemmt seine Faust in die Hüfte und wendet sich an die Frau vor mir: „Nu sagen Sie doch mal meine Freundin, wo wa hier sind! Die gloobt mir dit sonst nich.“

Plötzlich hält die Frau das mittlerweile stark verschwitzte Handy zwischen Daumen und Zeigefinger. „Hallo!?“, flüstert sie zaghaft hinein. „Ich bin die Frau Brauer und stehe hier neben Ihrem Mann in der U-Bahn.“ Inzwischen ist sie es, die die Blicke der Fahrgäste auf sich zieht. „Wo wir jetzt sind? Na, in der U-Bahn. Ach, welcher Bahnhof?“ Frau Brauer taxiert unsicher die Runde. Der Mann schaut sie flehend an und auch alle anderen scheinen sie irgendwie zu ermuntern.

„Nächster Bahnhof: Zoologischer Garten! Umsteigemöglichkeit zur U-Bahn-Linie zwei, zur S-Bahn und zum Fernverkehr.“

Gespanntes Schweigen. Frau Brauer atmet noch einmal tief durch und sagt dann: „Blissestraße, U7. Was dachten Sie denn?“ Einige Leute applaudieren. Stolz beginnt sie zu lächeln. „Ja, Ihr Mann kommt gerade von der Therapie“, sagt sie und fügt noch hinzu: „Echt!“ Sie grinst und sucht bei dem stinkenden Typen mit den schmierigen langen Haaren so etwas wie Lob oder Anerkennung. Der jedoch wedelt mit der offenen Rechten, weil er das Handy jetzt gerne wieder zurückhaben will. Frau Brauer telefoniert munter weiter: „Woher ich das weiß? Na, ich bin doch auch bei der Therapie.“ Triumphierend blickt sie in die Menge. Der Zug steht noch immer im Bahnhof und draußen auf dem Bahnsteig kommt es zum Tumult, weil keiner aussteigen will. „Na, wir haben doch jetzt Gruppentherapie, wußten Sie das nicht?“ Der Mann, inzwischen kreidebleich geworden, brummelt vor sich hin: „Mann, ick hab Physiotherapie wegen meinem Rücken, Sie Eule! Dit jeht nich in Gruppen!“

„Nächster Bahnhof: Kurfürstendamm! Umsteigemöglichkeit zur U-Bahn-Linie 15.“ Frau Brauer wirkt inzwischen sehr verunsichert. „Huch, schon Berliner Straße? Ich muß ja umsteigen!“ sagt sie und hält das Handy, aus dem es inzwischen ziemlich laut zetert, in die Menge: „Möchte jemand von Ihnen mal?“ Mehrere Hände recken sich ihr entgegen, doch der Handymann ist schneller. „Ick schwör dir, ick kenn die Frau nich. Ick hab die noch nie jesehen. Echt, gloob mir ditte!“

Ein Schluchzen ist das letzte, was ich von ihm höre, denn Berliner Straße, da muß ich ja auch raus. Umsteigen in die U9 Richtung Steglitz.

(aus Drehpunkt Nr. 115/März 2003 http://www.dreh-punkt.ch)

Aufgaben zum Leseverstehen

1. In welcher Linie spielt die Geschichte?

____

2. Markiere auf der Karte die Stationen, die während der Erzählung angesteuert werden.

3. Markiere auf der Karte die Stationen, die der Mann und Frau Brauer vorgeben zu passieren.

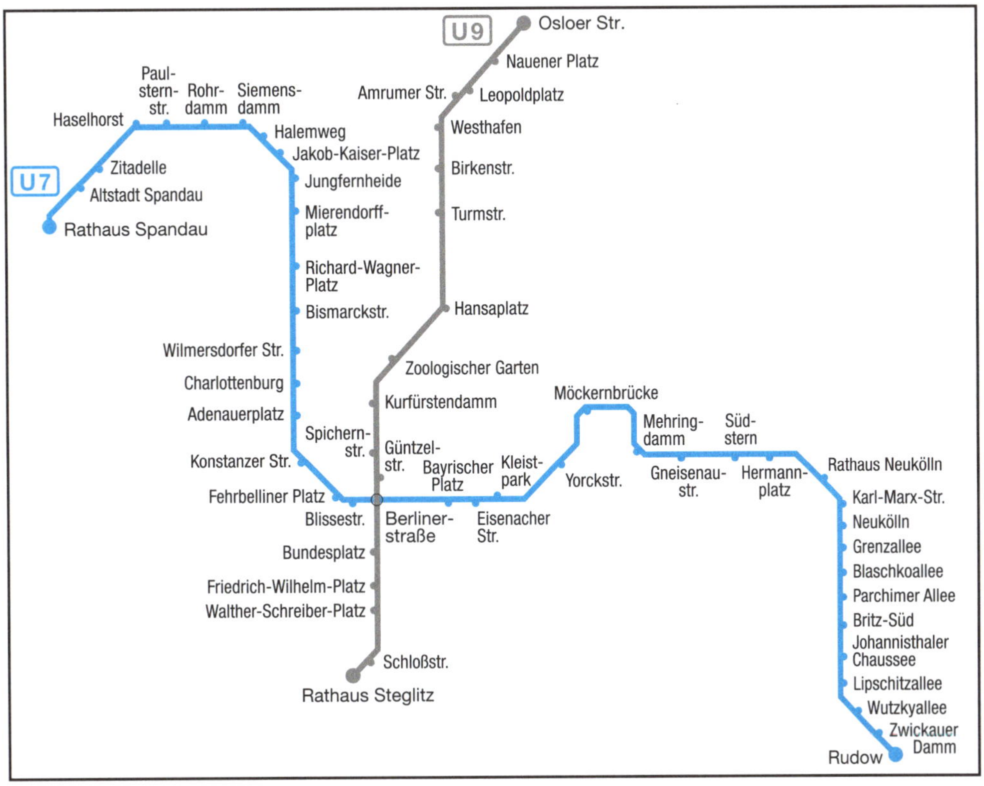

4. Der Mann, der zusteigt und angerufen wird, kommt höchstwahrscheinlich …

   a) von der Arbeit. ○
   b) von seiner Lebensgefährtin. ○
   c) von einer Therapiesitzung. ○
   d) von einem Treffen mit seinen Freunden oder seiner Geliebten. ○

5. Benenne, wie sich die Fahrgäste gegenüber dem Mann verhalten.

____

6. Die Geschichte wird erzählt von einem …

   a) auktorialen Erzähler. ○
   b) neutralen Erzähler. ○
   c) Ich-Erzähler. ○
   d) personalen Erzähler. ○

7. Wie erzählt der Erzähler die Geschichte?

a) sachlich ○
b) ironisch ○
c) fantastisch ○
d) spannend ○

8. Notiere zwei Sätze, an denen die Art und Weise des Erzählens besonders deutlich wird.

____

____

____

9. Entscheide dich für eine Aussage und begründe anschließend deine Wahl:

a) Frau Brauer hat dem „Handymann" mit ihren Aussagen geholfen.
b) Frau Brauer hat den „Handymann" mit ihren Aussagen in Schwierigkeiten gebracht.

____

____

____

Aufgaben zum Sprachwissen und Sprachbewusstsein

10. Erkläre den Begriff „Rush hour" (Z. 1).

____

11. „Mir gegenüber steht eine Frau in einem Kostüm" (Z. 12). Kreuze an, welche Bedeutung des Wortes „Kostüm" in diesem Zusammenhang zutrifft.

a) Kleidung für ein Theaterstück ○
b) Damenbekleidung bestehend aus Rock und Jacke ○
c) Verkleidung für ein Fest wie Karneval oder Fasching ○

12. Kreuze an, mit welchem Wort man am besten den Begriff „Physiotherapie" (Z. 77) erklären kann?

a) Krankengymnastik ○
b) Behandlung einer seelischen Krankheit ○
c) Eheberatung ○
d) Gruppensitzung ○

13. Die Erzählung ist in alter Rechtschreibung verfasst worden. Notierte die Wörter in der gültigen Schreibweise.

Rechtschreibung im Text	Gültige Rechtschreibung
daß (Z. 8)	

muß (Z. 9)	
Laß (Z. 35)	
wußten (Z. 75)	
Ein Schluchzen ist das letzte … (Z. 86)	

14. Begründe die Großschreibung in dem folgenden Satz:
Ein verhaltenes Glucksen und Prusten wabert durch den Wagen.

15. Der Mann berlinert stark. Übersetze die folgenden Sätze:
Na, ick bin gerade in der U-Bahn, uffn Wech nach Hause. (Z. 10)

Ick würd dir doch nich anlügen, hörma, kannst ma glooben. (Z. 26/27)

Ick schwör dir, ick kenn die Frau nich. Ick hab die noch nie jesehen. Echt, gloob mir ditte! (Z. 84/85)

16. In welchem Tempus (Zeitform) wird der Text hauptsächlich verfasst?

a) Präsens ○
b) Perfekt ○
c) Präteritum ○
d) Plusquamperfekt ○
e) Futur I ○

Aufgaben zur Schreibkompetenz

17. Der Mann schreibt seiner Freundin noch in der U-Bahn eine SMS, um sich sofort zu entschuldigen. Notiere die SMS.

18. Des Weiteren kauft er eine Karte, auf der er sich noch einmal ausführlicher entschuldigen möchte. Notiere auf dieser Karte seine Entschuldigung. Beziehe dich auf die Ereignisse in der U-Bahn. Arbeite dazu auf einen Extrablatt.

B 3 Überprüfung des Leseverstehens, des Sprachwissens und der Schreibkompetenz am Beispiel eines Romanauszugs: Berlin Alexanderplatz (Alfred Döblin)

Berlin Alexanderplatz (Textauszug)

Alfred Döblin

Er stand vor dem Tor des Tegeler[1] Gefängnisses und war frei. Gestern hatte er noch hinten auf den Äckern Kartoffeln geharkt mit den anderen, in Sträflingskleidung, jetzt ging er im gelben Sommermantel, sie harkten, er war frei. Er ließ Elektrische[2] auf Elektrische vorbeifahren, drückte den Rücken an die rote Mauer und ging nicht. Der Aufseher am Tor spazierte einige Male an ihm vorbei, zeigte ihm seine Bahn, er ging nicht. Der schreckliche Augenblick war gekommen [schrecklich, Franze, warum schrecklich?], die vier Jahre waren um. Die schwarzen eisernen Torflügel, die er seit einem Jahr mit wachsendem Widerwillen betrachtet hatte [Widerwillen, warum Widerwillen?], waren hinter ihm geschlossen. Man setzte ihn wieder aus. Drin saßen die anderen, tischlerten, lackierten, sortierten, klebten, hatten noch zwei Jahre, fünf Jahre. Er stand an der Haltestelle.

Die Strafe beginnt.

Er schüttelte sich, schluckte. Er trat sich auf den Fuß. Dann nahm er einen Anlauf und saß in der Elektrischen. Mitten unter den Leuten. Los. Das war zuerst, als wenn man beim Zahnarzt sitzt, der eine Wurzel mit der Zange gepackt hat und zieht, der Schmerz wächst, der Kopf will platzen. Er drehte den Kopf zurück nach der roten Mauer, aber die Elektrische sauste mit ihm auf den Schienen weg, dann stand nur noch sein Kopf in Richtung des Gefängnisses. Der Wagen machte eine Biegung, Bäume, Häuser traten dazwischen. Lebhafte Straßen tauchten auf, die Seestraße, Leute stiegen ein und aus. In ihm schrie es entsetzt: Achtung, Achtung, es geht los. (...).

Er stieg unbeachtet wieder aus dem Wagen, war unter Menschen. Was war denn? Nichts. Haltung, ausgehungertes Schwein, reiß dich zusammen, kriegst meine Faust zu riechen. Gewimmel, welch Gewimmel. Wie sich das bewegte. Mein Brägen[3] hat wohl kein Schmalz mehr, der ist wohl ganz ausgetrocknet. Was war das alles, Schuhgeschäfte, Hutgeschäfte, Glühlampen, Destillen[4]. Die Menschen müssen doch Schuhe haben, wenn sie so viel rumlaufen, wir hatten ja auch eine Schusterei, wollen das mal festhalten. Hundert blanke Scheiben, lass die doch blitzern, die werden dir doch nicht Bange machen, kannst sie ja kaputt schlagen, was ist denn mit die, sind eben blank geputzt. Man riss das Pflaster am Rosenthaler Platz auf, er ging zwischen den anderen auf Holzbohlen. Man mischt sich unter die anderen, da vergeht alles, dann merkst du nichts, Kerl. Figuren standen in den Schaufenstern in Anzügen, Mänteln, mit Röcken, mit Strümpfen und Schuhen. Draußen bewegte sich alles, aber – dahinter – war nichts! Es – lebte – nicht! Es hatte fröhliche Gesichter, es lachte, wartete auf der Schutzinsel gegenüber Achinger[5] zu zweit oder zu dritt, rauchte Zigaretten, blätterte in Zeitungen. So stand das da wie die Laternen – und – wurde immer starrer. Sie gehörten zusammen mit den Häusern, alles weiß, alles Holz.

Schreck fuhr in ihn, als er die Rosenthaler Straße herunterging und in einer kleinen Kneipe ein Mann und eine Frau dicht am Fenster saßen: Die gossen sich Bier aus Seideln[6] in den Hals, ja was war dabei, sie tranken eben, sie hatten Gabeln und stachen sich damit Fleischstücke in den Mund, dann zogen sie die Gabeln wieder heraus und bluteten nicht. Oh, krampfte sich sein Leib zusammen, ich kriege es nicht weg, wo soll ich hin? Es antwortete: die Strafe.

Er konnte nicht zurück, er war mit der Elektrischen so weit hierher gefahren, er war aus dem Gefängnis entlassen und musste hier hinein, noch tiefer hinein. Das weiß ich, seufzte er in sich, dass ich hier rin muss und dass ich aus dem Gefängnis entlassen bin. Sie mussten mich ja entlassen, die Strafe war um, hat seine Ordnung, der Bürokrat[7] tut seine Pflicht. Ich geh auch rin, aber ich möchte nicht, mein Gott, ich kann nicht.

1 Tegel: Stadtteil von Berlin
2 Elektrische: Straßenbahn
3 Brägen: Gehirn
4 Destille: kleine Kneipe
5 Schutzinsel gegenüber Achinger: Verkehrsinsel gegenüber einem bekannten Berliner Stehimbiss
6 Seidel: Bierkrug
7 Bürokrat: ein Beamter, der sehr kleinlich seine Vorschriften befolgt

Aufgaben zum Leseverstehen und Sprachwissen

1. Gliedere den Text in Sinnabschnitte und beschreibe dann stichwortartig, wie Franz die Stadt erlebt.

   Abschnitt 1: Zeile 1–13 Franz steht vor dem Gefängnis – die Strafe beginnt?
   Abschnitt 2: Zeile 14–22 Er sitzt in der Straßenbahn – lebhafte Straße

Die Großstadt bedrängt und ängstigt Franz. Untersuche, mit welchen sprachlichen Mitteln (→ Glossar) es dem Autor gelingt, diesen Eindruck beim Leser zu erzeugen.

2. Unterstreiche zwei kurze, aneinandergereihte Sätze. Welche Wirkung erzeugen sie?

3. Untersuche den Vergleich in Zeile 15–17. Was wird durch ihn deutlich?

4. Gib drei Beispiele für Aufzählungen an. Welche Wirkung haben sie?

5. Notiere zwei Sätze mit grammatikalischen Fehlern. Was wird dadurch deutlich?

6. Schreibe die ausgewählten Sätze ohne grammatische Fehler auf.

7. Aus welcher Erzählperspektive wird das Geschehen erzählt.
Kreuze an.

- allwissender/auktorialer Erzähler ○
- neutraler Erzähler ○
- Ich-Erzähler ○

8. Mehrmals werden Einfügungen in eckigen Klammern verwendet. Notiere ein Beispiel und erkläre dessen Funktion.

9. In den Zeilen 36–41 verwendet der Autor auffällige Satzzeichen. Was will er damit erreichen?

10. Unterstreiche eine Textstelle, wo der Innere Monolog (→ Glossar) verwendet wird. Was bezweckt der Autor damit?

Aufgabe zur Schreibkompetenz

11. Verfasse einen Brief an den Zelleninsassen von Franz im Gefängnis. Franz erklärt in dem Brief, warum für ihn nach vier Jahren Gefängnisaufenthalt „die Strafe beginnt" und nicht die Freiheit. Führe dazu drei Argumente aus.

C Angeleitete Prüfungsaufgaben zu literarischen Texten

C 1 Schreibaufgabe zu einer Erzählung: Das Wiedersehen

In dieser Einheit werden die wichtigsten Arbeitsschritte für das Lesen und Erschließen eines erzählenden Textes und die Schritte für die Bearbeitung der Aufgaben dargestellt. Auf den Seiten 32–33 findest du eine Prüfungsvorlage, mit der du diese Schritte üben kannst.

Erster Schritt: Sich orientieren

TIPP zum ersten Schritt

Stürze dich nicht gleich in die Arbeit, sondern verschaffe dir eine erste Orientierung:
1. Was verlangt die Aufgabe von dir? Lies die Aufgabenstellung und unterstreiche alle wichtigen Hinweise auf das, was du tun sollst. Hier erhältst du oft schon Anhaltspunkte, worauf du beim Lesen des Textes achten musst.
2. Worum geht es in dem Text? Was verrät dir die Überschrift?

1. Lies die Aufgabenstellung in der Prüfungsvorlage rechts „mit dem Stift".

2. Gib mit eigenen Worten wieder, was du tun sollst.

___

___

3. Notiere stichpunktartig, was dir zu dem Titel einfällt: Wovon könnte der Text handeln?

___

___

Zweiter Schritt: Text lesen und Inhalt erfassen

4. Schau dir die Unterstreichungen und Randnotizen zu den ersten beiden Absätzen an.
   Verfahre in gleicher Weise mit dem weiteren Text.

5. Welche Erklärungen hast du für die folgenden Textstellen gefunden?
   „Aus Pietätsgründen ..." (Z. 13)

___

___

___

„Dann plötzlich scheint ein Erinnern auf sein Gesicht zu kommen." (Z. 22–24)

___

___

___

TIPP zum zweiten Schritt

1. Unterstreiche und kläre alle Textstellen, die dir unklar sind.
2. Verwende dazu ein Wörterbuch oder erschließe die Bedeutung aus dem Textzusammenhang. Schreibe deine Erläuterungen an den Rand.
3. Kennzeichne Textstellen, die dir besonders wichtig erscheinen, mit Symbolen (! ? + –).

Lies bitte zuerst den Text, bevor du dich der Bearbeitung der Aufgabenstellung zuwendest. Schreibe anschließend einen zusammenhängenden Text.

1 **Analysiere** den Text. Gehe dabei folgendermaßen vor:
- a) **Formuliere** eine Einleitung.
- b) **Fasse** den Inhalt in eigenen Worten **zusammen**.
- c) **Beschreibe** Peters Situation.
- d) **Stelle** anhand von Textbeispielen Peters und Jeans Gefühlslage **dar** und **erläutere** ihr Verhältnis zueinander.
- e) **Erkläre** die Überschrift „Das Wiedersehen" und **erläutere** die Textaussage.

2 In Zeile 51–53 sagt Peter: *„Die wirkliche Strafe, weißt du, die kommt erst jetzt."* **Erläutere**, was er damit meint und **nimm Stellung** zu dieser Aussage.

Das Wiedersehen *Gertrud Schneller*

Peters Hand zittert leicht, als er sie auf die Türklinke legt. Rascher als nötig geht er auf den hintersten, in der Ecke des Cafés stehenden Tisch zu. Dann bleibt er stehen und sagt:

„Ich wusste, dass ich dich hier finden werde."

Auslassung

??

Der Angeredete blickt überrascht hinter dem großen Zeitungsblatt hervor. Als er Peter sieht, lässt er das Blatt fallen und ruft: „Du! Bist du schon wieder …" Das letzte Wort lässt er unausgesprochen. Aus Pietätsgründen, wie der andere vermutet.

zentrales Problem: drei Jahre Gefängnis

„Drei Jahre sind genug", meint Peter leise.

Jean nickt, rückt den Stuhl zurecht und heißt ihn Platz nehmen. „Trinkst du einen Schwarzen?"

„Gerne."

Der Kellner kommt. Sein Blick richtet sich suchend auf den Gast. Dann plötzlich scheint ein Erinnern auf sein Gesicht zu kommen.

„Der wusste es auch, nicht wahr?", sagt Peter.

„Ach", erwidert Jean, „Kellner wissen alles. Mach dir nichts daraus."

Sie schweigen.

Dann sagt Peter leise: „Bist du noch immer auf der Bank?"

„Ja."

„Ich wusste es. So sicher, wie ich wusste, dich zu dieser Tageszeit hier beim Lesen der Zeitung antreffen zu können."

„Hast du schon Arbeit?", fragte der andere.

„Ja, ja. Dafür hat man gesorgt. Morgen kann ich bereits anfangen. Und du …, du bist Prokurist geworden, nicht wahr?"

Jean nickte.

„Ich würde es nie mehr tun", sagte Peter leise. „Nie mehr."

Jean nickt wieder.

„Wirst du wieder bei Frau Ruegg wohnen?"

„Nein! Ich wollte. Aber sie hatte alle möglichen Ausreden, als ich heute Morgen bei ihr vorbeiging. Die wirkliche Strafe, weißt du, die kommt erst jetzt."

„Nein, nein. Das ist es sicher nicht", sagt Jean rasch.

„Bedenke, es herrscht ein großer Zimmermangel."

Sie schweigen wieder. Jean zündet eine Zigarette an und spielt mit dem Blatt der Zeitung, während Peter nachdenklich in seinem Schwarzen rührt. Plötzlich blickt Jean auf die Uhr, ruft den Kellner und zahlt.

„Ich muss jetzt gehen. Verzeih bitte.

Mein Zug fährt in einer halben Stunde. Ich fahre für drei Wochen aufs Land. Meine langweilige Bronchitis, du weißt ja.“ Peter wird blass. Auch der, denkt er bitter, auch der hat Ausreden. Mein einziger Freund. Er gibt Jean die Hand und wünscht ihm gute Erholung. Obwohl er nicht an diese Reise und an seine Erholung glaubt.

Peter sitzt nun allein am Tisch. Seine Rechte spielt zitternd auf dem Blatt der Tageszeitung. Sein Blick ist gesenkt. Er sieht deshalb nicht, wie Jean sich bei der Tür entschlossen umwendet und auf den hintersten, in der rechten Ecke stehenden Tisch zusteuert. Erst als er dicht vor ihm steht, blickt er überrascht auf.

„Hast du etwas vergessen?“, fragt Peter.

„Ja! Ich habe vergessen, dir den Schlüssel zu geben.“

„Den Schlüssel. Welchen Schlüssel?“

„Den Schlüssel zu meiner Wohnung. Du kannst, solange ich weg bin, bei mir wohnen.“

Dritter Schritt: Text auswerten und Stellungnahme vorbereiten

TIPP zum dritten Schritt

Einen Text untersuchen heißt, sich zu folgenden Fragen Notizen herauszuschreiben:

- Um welches Thema geht es?
- Welche Textsorte liegt vor?
- Wann und wo spielt die Handlung?
- Wer sind die wichtigsten Personen?
- In welche Sinnabschnitte kann man den Text einteilen?
- Wie wirkt der Text auf dich?
- Welche sprachlichen Mittel erkennst du? Welche Funktion haben sie? (siehe Glossar)
- Welche Absicht verfolgt der Verfasser/die Verfasserin?

So kannst du einen Text bearbeiten:

- Markiere oder unterstreiche alle Textstellen, die zum Verständnis wichtig sind.
- Fasse den Kern jedes Sinnabschnittes in einem Stichwort oder in einem kurzen Satz am Rand des Textes zusammen.
- Unterstreiche Stellen, die du sprachlich auffällig findest.

6. Schreibe in ein bis zwei Sätzen auf, worum es in der Geschichte geht.

___

___

___

___

7. Bestimme die Textsorte. Schreibe in Stichworten Merkmale auf, an denen du die Textsorte erkennst. Wenn du unsicher bist, lies im Glossar nach.

___

___

___

___

8. Beantworte die folgenden W-Fragen:
   a) Wer sind die Hauptpersonen der erzählten Handlung?

   ____

   ____

   ____

   b) Wo spielt die Handlung?

   ____

   ____

   c) Wann spielt die Handlung?

   ____

   d) Was geschieht?

   ____

   ____

   e) Wie kommt es zu diesem Problem?

   ____

   ____

TIPP zu 8.

Stelle W-Fragen an den Text und beantworte sie in Stichworten. Dadurch gewinnst du schnell einen Überblick über die Handlung und du kannst gleichzeitig Stichwörter für die Inhaltszusammenfassung sammeln.

9. Untersuche, in welche Sinnabschnitte sich der Text unterteilen lässt. Fasse den Inhalt jeweils in einem Satz zusammen.

   1. Sinnabschnitt Z. 1–20: Peter trifft nach drei Jahren Haft seinen Freund Jean.
   2. Sinnabschnitt Z. 21– ...

   ____

   ____

   ____

   ____

   ____

   ____

   ____

TIPP zu 9.

Sinnabschnitte sind zusammengehörende Teile einer Handlung oder einer Gedankenführung.
Ein Sinnabschnitt kann daher mehrere Textabschnitte umfassen.

10. Lies noch einmal die Aufgabenstellung ❶ c) und d).
    Beantworte zur Vorbereitung deines Textes die folgenden Fragen stichwortartig:
    a) Wie verhält sich Jean gegenüber Peter im Verlauf der Handlung? Was denkt er vermutlich?
       Übertrage dazu die Tabelle von S. 34 auf ein Extrablatt und ergänze sie.

TIPP zu 10.

Oft hilft es dir, wenn du die Handlung mithilfe einer Skizze oder eines Schemas verdeutlichst.

Was Jean sagt und tut …	Was Jean vermutlich denkt …
„Bist du schon wieder …" (Z. 11/12)	Er ist fast erschrocken und vermeidet das Wort „Gefängnis", um Peter nicht zu verletzen
Er bietet Peter einen Kaffee an. (Z. 18/19)	Er geht nicht auf Peters Bemerkung ein, um das Thema zu vermeiden.
„Kellner wissen alles. Mach dir nichts daraus." (Z. 27/28)	Er versucht, Peters Empfindlichkeit zu zerstreuen.
…	…

b) Wie stellt die Autorin Peters Unsicherheit und Angst sprachlich dar?

- Peters Hand zittert leicht … (Z. 1)
- … meint Peter leise. (Z. 15/16)

____

____

c) Warum ist Peter unsicher?

____

____

d) Stelle Vermutungen darüber an, was passiert sein könnte und wie die beiden Freunde damit umgehen. Zitiere Textstellen zur Begründung.

INFO

Die Absicht und die Wirkung eines Textes auf die Leser werden durch sprachliche Mittel (→ Glossar) erreicht:
- Satzbau / Satzanfänge,
- Wiederholungen,
- sprachliche Bilder,
- ironische Wendungen,
- doppeldeutige Begriffe,
- wörtliche Rede,
- Wortwahl,
- Übertreibungen …

- Peter hat offenbar eine dreijährige Strafe abgesessen („Drei Jahre sind genug.", Z. 15)
- Jean scheint erschrocken zu sein („Bist du schon wieder …", Z. 11/12)

____

____

e) In Z. 39 heißt es: *„Dafür hat <u>man</u> gesorgt."* Welche Wirkung geht von diesem allgemeinen Personalpronomen aus? (Du kannst einen Namen einsetzen und vergleichen.)

____

____

f) Warum glaubt Peter, dass andere (z. B. Frau Ruegg, Jean) ihm gegenüber Ausreden benutzen?

____

g) Was ist vermutlich in Jean vorgegangen, als er sich an der Tür *<u>entschlossen</u>* umdreht (Z. 79) und Peter den Schlüssel für seine Wohnung gibt?

____

11. Deute die Geschichte, indem du die Überschrift erklärst und die Textaussage erläuterst. Beantworte dazu die folgenden Fragen:
    a) Warum benennt Peter das Geschehen nicht konkret, sondern nur mit dem unpersönlichen „es"?

    b) Wie verhält sich Peter und warum?

    c) Wie würdest du dieses Wiedersehen beschreiben?

INFO zu 11. und 12.

Ein erzählender Text weist häufig auf ein bestimmtes zwischenmenschliches oder gesellschaftliches Problem (Konflikt) hin. Diese Textaussage herauszuarbeiten, ist Aufgabe deiner Deutung. Ein/e Autor/in verfolgt mit einem Text verschiedene Absichten. Er/Sie will:

- informieren,
- unterhalten,
- kommentieren,
- appellieren,
- kritisieren,
- belehren.

Mehrere Absichten sind möglich.

12. Erläutere in wenigen Sätzen, was die Autorin mit der Kurzgeschichte verdeutlichen will.

Die Autorin möchte mit dieser Kurzgeschichte deutlich machen, wie problematisch ein Wiedersehen ...

13. Lies die Aufgabe 2 und beantworte als Vorbereitung für deinen Text die folgenden Fragen:
    a) Was hat Peters Meinung nach die Absage von Frau Ruegg mit „der wirklichen Strafe" zu tun?

    b) Wie ist deine Meinung dazu und welche Begründung hast du dafür?
    - ☐ Ich stimme zu.
    - ☐ Ich stimme nicht zu.

TIPP zu 13.

In einer Stellungnahme wird von dir erwartet, dass du deinen Standpunkt klar und eindeutig darstellst, aber auch durch nachvollziehbare Gründe und mit anschaulichen Beispielen erläuterst. Dabei soll deine persönliche Position deutlich werden.

Vierter Schritt: Schreibplan anlegen

TIPP zum vierten Schritt

Deine Schreibaufgabe besteht darin, in einem Text alle Aufgaben zusammenhängend zu bearbeiten.
Nutze die Aufgabenstellungen und deren Unterpunkte für deine Gliederung.
Lege in einem Schreibplan die Gliederung deines Textes fest. Alle Notizen sollen in den Text einfließen.

Einleitung
Vorstellung des Textes (Titel, Autorin, Quelle, Textsorte, Thema des Textes)
→ Aufgabenstellung ❶ a)
Die Einleitung beschränkt sich in der Regel auf 2–3 Sätze.

Hauptteil
- Inhaltszusammenfassung
  → Aufgabenstellung ❶ b)
- Untersuchung des Textes (Inhalt, Form, Sprache)
  → Aufgabenstellung ❶ c) und d)
- Wirkung und Absicht des Textes (Deutung)
  → Aufgabenstellung ❶ e)

Beschränke die Deutung nicht nur auf die Situation und das Verhältnis zwischen Peter und Jean, sondern überlege auch, ob es um verschiedene Formen von Strafe geht.

Schluss
Stellungnahme (Beachte die genaue Formulierung der Aufgabe ❷.)

14. Lege dir in Stichworten einen Schreibplan an.

Schreibplan

Einleitung: In der Kurzgeschichte „Das Wiedersehen" von Gertrud Schneller geht es ...

Hauptteil:

- Inhaltszusammenfassung: Die Autorin beschreibt das Wiedersehen von Jean und Peter, der ...

- Bedeutung der Überschrift „Das Wiedersehen"
- Wirkung und Absicht der Autorin

Schluss:

Erläuterung des Zitats mit Stellungnahme und Begründung

Fünfter Schritt: Eigenen Text schreiben

TIPP zum fünften Schritt

1. Schreibe deinen Text auf DIN-A4-Papier. Lasse an der Seite und unten einen breiten Rand, damit du für die Überarbeitung Platz hast.
2. Schreibe im Präsens.
3. Belege deine Aussagen mit Textstellen. Kennzeichne Zitate durch Anführungsstriche und Zeilenangaben in Klammern, z. B. „Aus Pietätsgründen, wie …" (Z. 13).
4. Damit dein Text zusammenhängend wirkt, verknüpfe deine Sätze durch Wörter wie: *anschließend, darüber hinaus, weiterhin, schließlich, zusammenfassend, obwohl, dennoch, aber, weil, allerdings, dann, daraufhin, trotzdem, sowohl als auch, weder … noch.*

15. Beginne auf einem gesonderten Blatt mit der Einleitung.

In der Kurzgeschichte „Das Wiedersehen" von Gertrud Schneller thematisiert die Autorin die Schwierigkeiten von Straftätern nach ihrer Haftentlassung …

16. Beginne nach einem Absatz den Hauptteil mit einer Inhaltszusammenfassung.

Aufgeregt betritt Peter ein Café, um seinen ehemaligen Freund Jean zu treffen. Der sitzt tatsächlich wie früher hinten in der Ecke und ist fast erschreckt, als er Peter sieht. Er fragt, ob Peter schon wieder. …

17. Für deine Stellungnahme im Schluss kannst du folgende Formulierungen verwenden:

Das Zitat drückt aus …

Ich stimme der Aussage von …

Meiner Ansicht nach ist es verständlich, dass Peter empfindlich auf seine Mitmenschen reagiert und genau beobachtet, wie sie sich ihm gegenüber verhalten.

Sechster Schritt: Text überarbeiten

18. Überarbeite deinen Text. Verwende dazu die Checkliste.

CHECKLISTE zur Überarbeitung von Texten

1. **Text inhaltlich überprüfen**
   - Hast du in deinem Text alle Unterpunkte der Aufgabenstellung berücksichtigt?
   - Stimmt dein Text mit deinen Vorüberlegungen bzw. deinen Schreibzielen überein?
   - Hast du deinen Text in sinnvolle Absätze gegliedert?
   - Wo willst du etwas ergänzen oder streichen?
   - Hast du deine Aussagen am Text belegt?
2. **Text sprachlich überarbeiten**
   - Hast du das Präsens verwendet und wörtliche Rede im Konjunktiv wiedergegeben?
   - Hast du störende Wiederholungen vermieden und verschiedene Satzanfänge gewählt?
   - Sind deine Sätze vollständig?
   - Hast du Satzgefüge verwendet? An welchen Stellen kannst du Sätze verbinden?
   - Gibt es zu lange Sätze, die du auflösen solltest?
3. **Text auf Rechtschreibung und Zeichensetzung überprüfen**
   - Entdeckst du Flüchtigkeitsfehler (z. B. unvollständige Wörter, falsche Groß- und Kleinschreibung)?
   - Musst du Wörter nachschlagen?
   - Stimmt die Zeichensetzung (Punkte, Fragezeichen, Kommas, Anführungsstriche)?

C 2 Schreibaufgabe zu einem Songtext: Ungerechtigkeit (Die Prinzen)

Auf den folgenden Seiten werden die wichtigsten Arbeitsschritte für das Lesen und Erschließen eines Gedichtes und die Schritte für die Bearbeitung der Aufgaben dargestellt. Auf Seite 40 und 41 findest du einen Songtext, mit dem du diese Schritte üben kannst. Auch in den Prüfungsbeispielen (Teil C und D dieses Arbeitsheftes) wird auf diese grundlegenden Seiten verwiesen.

Erster Schritt: Sich orientieren

1. Lies die Aufgabenstellung in der Prüfungsvorlage auf Seite 40 „mit dem Stift".
2. Gib mit eigenen Worten wieder, was du tun sollst. Beachte auch die Reihenfolge der einzelnen Schritte.

____

____

TIPP zum ersten Schritt

Lies die Aufgabenstellungen. Unterstreiche alle wichtigen Hinweise auf das, was du tun sollst (Verben, Schlüsselwörter). Du erhältst oft schon Anhaltspunkte, worauf du beim Lesen des Gedichts achten musst.

3. Notiere stichpunktartig, was dir zu dem Titel „Ungerechtigkeit" einfällt: Um welches Thema geht es? Wovon könnte der Songtext handeln?

____

____

Zweiter Schritt: Text lesen und Inhalt erfassen

4. Lies das Gedicht einmal. Kennzeichne durch Unterstreichungen und Randbemerkungen Besonderheiten, die dir auffallen.
5. Lies den Songtext erneut. Worum geht es in diesem Gedicht? Formuliere in zwei, drei Sätzen deinen ersten Eindruck.

____

____

____

____

____

6. Schau dir die einzelnen Strophen an und umschreibe den Inhalt mit eigenen Worten.

____

____

____

____

TIPP zum zweiten Schritt

1. Unterstreiche alle unbekannten Begriffe und kläre sie mithilfe eines Wörterbuches oder aus dem Sinnzusammenhang.
2. Kennzeichne mit Markierungen und Symbolen (! ?) Textstellen, welche für das Verständnis des Gedichts wichtig sind oder die dir noch nicht klar sind. Verweise kannst du mit Pfeilen (→) verdeutlichen.
3. Wenn du den Inhalt wiedergeben sollst, fasse wenn möglich Strophe für Strophe zusammen.

Schreibe einen zusammenhängenden Text.

1. **Analysiere** den Liedtext „Ungerechtigkeit" von der Gruppe „Die Prinzen" und berücksichtige dabei folgende Arbeitsschritte:
   a) **Formuliere** eine Einleitung, in der du Titel, Autoren, Textart und Thema nennst.
   b) **Fasse** den Inhalt des Textes mit eigenen Worten **zusammen**.
   c) **Stelle dar**, was im Text für ungerecht und gerecht gehalten wird, und **erläutere** widersprüchliche Aussagen.
   d) **Erkläre**, wie die Absicht der „Prinzen" durch sprachliche und formale Mittel unterstützt wird. Belege deine Angaben mit Textstellen.

2. Im Text heißt es *„Ungerechtsein ist in jedem Fall schlecht, sogar ich war schon mal ungerecht"* (Zeile 32/33). **Nimm Stellung** zu dieser Aussage und **begründe** deine Meinung.

Ungerechtigkeit

Die Prinzen

Ich ess' den ganzen Tag Gemüse
Und ich trink nur Cola-Light
Trotzdem wird mein Hintern breiter –
Das ist Ungerechtigkeit
Ich hab ein Mädchen eingeladen,
Letzten Freitag war's soweit
Doch dann kam ihr großer Bruder –
Das ist Ungerechtigkeit

Ungerechtigkeit
Geht manchmal echt zu weit
Deswegen werd' ich bald
Ungerechtigkeitsanwalt
Ungerechtigkeit
Geht manchmal echt zu weit
Ich verdien' daran nicht schlecht
Das finde ich gerecht

Wenn ihr im Supermarkt geklaut habt
Und völlig unverdächtig seid
Und eine Oma wird verhaftet –
Das ist Ungerechtigkeit
Wenn ein unbegabter Lehrer
Statt zu reden nur noch schreit
Und die Schüler werden heiser –
Das ist Ungerechtigkeit

Ungerechtigkeit …

Lyrisches Ich ernährt sich gesund, wird dennoch dick

Ungerechtigkeiten
Gab es schon zu allen Zeiten
Keiner hat den Berechtigungsschein
Welcher berechtigt zum Ungerechtsein
Ungerechtigkeiten
Kann ich überhaupt nicht leiden
Ungerechtsein ist in jedem Fall schlecht
Sogar ich war schon mal ungerecht

Ungerechtigkeit …

Lösungshilfen zu 1 c)

1. Bereite die Zusammenfassung vor, indem du zu jeder Strophe am Rand Stichwörter notierst.
2. In dem Liedtext werden Beispiele genannt, was das Lyrische Ich als ungerecht und gerecht empfindet. Markiere diese Beispiele, schreibe sie heraus und stelle sie auf einem Extrablatt in einer Tabelle zusammen.

Beispiele für Ungerechtigkeit	Beispiele für Gerechtigkeit
Strophe 1 + Refrain: - trotz kalorienbewusster Ernährung dicker werden (Z. 1–4) - …	
Strophe 2 + Refrain: - …	
Strophe 3 + Refrain: - …	

3. Wo findest du widersprüchliche Aussagen über Gerechtigkeit bzw. Ungerechtigkeit? Markiere sie in der Tabelle und begründe, warum sie sich widersprechen.

____

____

____

Lösungshilfen zu 1 d)

4. Erkläre, welche Absicht die Prinzen mit ihrem Lied verfolgen.
Kreuze an.

○ Warnung	○ Unterhaltung	○ Aufklärung
○ Veralberung	○ Aufforderung	○ gar nichts
○ Bewusstmachung	○ Verharmlosung	

5. Begründe deine Einschätzung, indem du Sprache und Form des Textes untersuchst.
   a) An welchen Stellen wird übertrieben?

____

____

____

____

   b) Wo erkennst du Ironie (siehe Glossar)?

____

____

____

   c) An welchen Stellen wird Umgangssprache verwendet?

____

____

   d) Welche Wortneuschöpfungen erkennst du?

____

____

   e) Wo gibt es Wiederholungen und warum?

____

____

____

   f) Notiere weitere sprachliche und formale Mittel (z. B. Reimschema, Refrain, …).

____

____

6. Aus welcher Perspektive ist der Text geschrieben? Begründe, warum die Autoren des Liedtextes sie gewählt haben.

____

____

Lösungshilfen zu ❷

7. Wie verstehst du die Zeile *„Ungerechtsein ist in jedem Fall schlecht, sogar ich war schon mal ungerecht"* (Zeile 32/33)?

____

____

8. Stimmst du dieser Aussage zu oder nicht?

____

____

9. Begründe deine Meinung und nenne dazu Beispiele.

____

____

Lösungshilfen zum Schreiben

10. In der rechten Spalte unten findest du mögliche Gliederungspunkte.
Ordne sie in richtiger Reihenfolge der Einleitung, dem Hauptteil und dem Schluss zu.
Lege auf einem Extrablatt einen Schreibplan an.

Schreibplan	
Einleitung: B ____________ Hauptteil: ____________ ____________ ____________ Schluss: ____________	A Absicht mit Untersuchungsergebnissen zur Form und Sprache verdeutlichen B Angaben zum Liedtext und zur Thematik C Stellung nehmen (Aufgabe 2) D Aussagen über Gerechtigkeit/Ungerechtigkeit darstellen E Kurze Wiedergabe des Inhalts

11. Schreibe den Text nach deinem Plan auf ein Extrablatt.

12. Überarbeite deinen Text nach der Checkliste auf Seite 44.

Text überarbeiten

13. Überarbeite deinen Text. Verwende dazu die Checkliste.

CHECKLISTE zur Überarbeitung einer Gedichtanalyse

1. Text inhaltlich überprüfen (Inhaltsleistung)

- Hast du in deinem Aufsatz alle Unterpunkte der Schreibaufgabe berücksichtigt?
- Hast du den Text sinnvoll gegliedert? Ist er durch Absätze überschaubar gestaltet?
- Ist für die Leser erkennbar und nachvollziehbar, wie und warum du etwas so empfunden und verstanden hast?
- Wird klar, welche Bedeutung Form und Sprache des Textes für die Aussageabsicht haben?
- Hast du unterschiedliche Beobachtungen miteinander verknüpft und Zusammenhänge hergestellt?
- Nennst du Begründungen zu deinen Schlussfolgerungen oder Sichtweisen?
- Hast du deine Beobachtungen und Schlussfolgerungen durch Zitate und Belege untermauert?

2. Text sprachlich überprüfen (Darstellungsleistung)

- Hast du unnötige Wiederholungen vermieden?
- Fallen dir beim Lesen unklare Formulierungen auf?
- Sind deine Sätze vollständig?
- Wo kannst du komplizierte Sätze vereinfachen?
- Hast du Zusammenhänge durch sinnvolle Satzverknüpfungen verdeutlicht?
- Überprüfe auch Rechtschreibung, Zeichensetzung und Grammatik, denn sie fließen in die Bewertung ein und können den Lesefluss beeinträchtigen. Kontrolliere deinen Text mehrfach und berücksichtige deine eigenen Fehlerschwerpunkte.

C 3 Überprüfung des Leseverstehens, des Sprachwissens und der Schreibkompetenz am Beispiel einer Kurzgeschichte: Rein äußerlich (Detlev Marwig)

Rein äußerlich

Detlev Marwig

Sie wäre nicht tragisch, die Geschichte, meinte Irene, da sie ja nur mit ihrem Äußeren zu tun habe, meinte sie. Sie ist 1,52 klein, schwarzäugig und -haarig und würde auf dem Balkan und im Vorderen Orient vermutlich kaum auffallen. Dennoch ist sie Deutsche und, wie ihre Eltern einst nachweisen mussten, arisch.

„Aber das ist mir egal", sagt sie.

Im Supermarkt packt und zeichnet sie Fisch- und andere Konserven, Teigwaren und Feinkost aus, ordnet sie in Regale ein und hilft gelegentlich supermarktfremden Kunden bei der Suche. Sie ist eine Halbtagskraft. Die zweite Hälfte des Tages schaltet sie um auf Hausfrau.

„Einer muss es ja machen", sagt sie. Mit Putzeimern, Aufnehmern und dergleichen geht sie nicht um.

„Dafür werde ich zu schlecht bezahlt", sagt sie. Auch mit den Kassiererinnen hat sie nichts zu tun.

„Wir bleiben unter uns, wir Halbtagskräfte", sagt sie.

Es begann damit, dass Irene so schön vor sich hindöste, denn der Laden war leer und gepackt hatte sie. Da rief eine der Kassiererinnen, blond und blauäugig: „He, Sie!"

„He, Sie! Bin ich nicht", sagt Irene und sie blieb deshalb sitzen. Das brachte die Kassiererin auf und Empörung klang in ihrer Stimme mit, als sie einige Phon lauter quer durch den Laden brüllte: „He, Sie!!"

„Ich dachte, die hat durchgedreht, das kann man nämlich schnell an der Kasse", sagt Irene. Aber sie blieb sitzen, denn wer sich aufregt, regt sich auch wieder ab, meint sie.

Die Kassiererin packte wilde Empörung, die ihrer Stimme ungeahnte Durchschlagskraft verlieh.

„He, Sie, holen Sie sofort Wasser und machen Sie Lauge. Ich will hier putzen", rief sie, und dann schrie sie einige böse Worte über die, die „ausse Karpaten[1] kommen und sich hier mausig[2] machen."

„Jetzt ist ihr nicht mehr zu helfen, hab ich gedacht", sagt Irene. Sie ging ins Lager. „Da hört man das Geschrei nicht so laut", sagt sie. Da kam die Filialleiterin zu ihr und bat um Aufklärung. Die verweigerte Irene ihr nicht, woraufhin die Filialleiterin zur Kassiererin ging und die aufklärte. „Da war die dann ruhig", sagte Irene.

Kurz vor Feierabend kam die Kassiererin dann zu Irene und war ein wenig verlegen. „Entschuldigen Sie, bitte entschuldigen Sie vielmals", sagte sie, „ich habe geglaubt, Sie wären die kleine Türkin."

„Ich habe entschuldigt", sagt Irene, „was kann sie schließlich dafür, dass ich so aussehe."

1 Karpaten: Gebirge in Rumänien, hier abschätzig für rückständiges (nicht geschätztes) Ausland

2 sich mausig machen: frech werden, sich erdreisten

1. Lies die Aufgabenstellung in der Prüfungsvorlage auf S. 45 „mit dem Stift". Gib mit eigenen Worten wieder, was du tun sollst.

2. Unterteile den Text in Abschnitte und formuliere dazu zusammenfassende Überschriften.

   Teil 1: Z. 1 bis 18 Irene wird vorgestellt.

   Teil 2:

   Teil 3:

3. Lege eine Tabelle an, in der du äußere Merkmale und wichtige Angaben zur Person von Irene und der Kassiererin einträgst. Direkte Gegensätze kannst du durch Pfeile kennzeichnen.

Irene	Kassiererin
schwarzhaarig ⟵⟶	blond
schwarzäugig ⟵⟶	blauäugig

4. Unterstreiche Stellen, in denen sich die Kassiererin an Irene wendet.

5. Wie wirken diese Äußerungen?

6. Warum verhält die Kassiererin sich so?

7. Unterstreiche, wie Irene reagiert.

8. Fasse mit eigenen Worten Irenes Verhalten zusammen.

9. Wie erklärst du ihr Verhalten?

10. Sieh dir noch einmal die Tabelle zu 3. an.
Worin bestehen die Gegensätze der beiden Personen?

11. Untersuche, mit welchen sprachlichen Mitteln der Autor die Unterschiedlichkeit der beiden Personen zum Ausdruck bringt.

TIPP zu 11.

Achte auf folgende sprachlichen Mittel:
- Wie werden die Personen beschrieben?
- Wie sprechen die Personen (gehobene Sprache, Umgangssprache)?
- Wie werden sie angeredet?
- Gibt es auffällige Wiederholungen?
- Gibt es Besonderheiten im Satzbau?

12. Die Überschrift lautet „Rein äußerlich". Worauf bezieht sich dies?
Versuche vom Titel ausgehend die Absicht des Autors zu formulieren.

13. Inwieweit können die Orientierung an Beruf und gesellschaftlicher Stellung auch zu einer äußerlichen Beurteilung von Personen führen? Welches Beispiel findest du dazu in diesem Text?

14. Wie verstehst du den letzten Satz der Geschichte? Akzeptiert Irene deiner Meinung nach tatsächlich die Entschuldigung? Wenn ja, wie beurteilst du dieses Verhalten?

15. Hättest du ähnlich reagiert?

16. Schreibe einen Brief an Irene, in dem du begründet Stellung zu ihrem Verhalten nimmst.

D 1 Einen argumentativen Brief schreiben

Die Aufgabenstellung unten könnte aus einer Prüfung stammen, in der du zu einem Sachverhalt einen überzeugenden Brief schreiben sollst.

1 Der Jugendsender „Klasse" ruft zu einem Wettkampf der Schulen auf, bei dem die Schüler zeigen sollen, wie gut sie sich in der Musik auskennen. Der Sender reist an die Schule und stellt dort Quizfragen. Die Schülerinnen und Schüler deiner Schule möchten sich gerne an diesem Wettbewerb beteiligen. Frau Karsten, die Schulleiterin, ist jedoch absolut dagegen. Du als Schulsprecher/in sollst nun Frau Karsten in einem Brief davon überzeugen, dass Schüler deiner Schule an dem Wettbewerb teilnehmen dürfen.

Schreibe einen Brief an Frau Karsten und überzeuge sie, dass deine Schule an dem Wettbewerb teilnehmen darf.

a) Formuliere eine Einleitung, in der du Frau Karsten den Anlass deines Briefes und deine Position verdeutlichst.
b) Begründe deine Position, indem du die ausgewählten Argumente näher erläuterst oder durch Beispiele veranschaulichst. Entkräfte das Gegenargument.
c) Formuliere einen Schluss, in dem du noch einmal bei der Schulleiterin für deine Position wirbst.

INFO zu 1.

formulieren: schreiben, verfassen
erläutern: Sachverhalte oder Textaussagen veranschaulichen und durch zusätzliche Informationen verständlich machen
begründen: eigene Aussagen erklären, z. B. durch Konjunktionen wie *weil, denn* … einleiten
verdeutlichen: Aussagen näher erläutern, erklären, verständlich machen
werben: die eigene Position noch einmal nennen, unterstützen, bekräftigen
entkräften: eine Aussage, ein Argument durch Beispiele widerlegen, schwächen

1. In der Aufgabenstellung a) oben ist unterstrichen worden, was von dir erwartet wird. Unterstreiche auch in den weiteren Aufgaben, was du tun sollst. Die Verben geben dir Hinweise. Vergleiche deine Lösung mit der Info rechts.

2. a) Die Aufgabenstellungen geben dir auch Hinweise zum Adressaten, zur Situation und zu den Rahmenbedingungen. Markiere diese Stellen. Trage die Ergebnisse in das Cluster auf Seite 52 ein.
   b) Welche Hinweise erhältst du zur Gliederung? Notiere sie.

1 a) Einleitung schreiben: Anlass nennen, … ____________

b) ____________

____

____

INFO zu 2. a)

Um eine Argumentation schreiben zu können, mit der du jemanden von deiner Position überzeugen willst, musst du dir Folgendes klarmachen:
- Wie lautet das Argumentationsthema?
- An welchen Adressaten richtest du dich?
- Welche Position vertrittst du?
- Welche Aspekte **für deine Position** kannst du nutzen? Unterstreiche sie in der Argumenteliste.
- Welches Gegenargument willst du entkräften? Markiere es in der Argumenteliste.

Hier findest du Pro- und Kontra-Argumente, die in einer **Argumenteliste** gesammelt sind:

1. jeder kann sein Wissen zeigen
2. Konkurrenzdenken wird gefördert
3. stört den Schulbetrieb
4. Werbung für die Schule
5. Auswahl der Teilnehmer führt zu Streit
6. Musikunterricht wird aufgewertet
7. Spaßfaktor
8. Quiz fördert die Allgemeinbildung
9. dient dem Sender als Werbezweck
10. Schule ist zum Lernen da
11. Unterricht darf nicht ausfallen
12. einzelne Teilnehmerinnen und Teilnehmer können als Radiotalente entdeckt werden
13. ______________________________

____

14. ______________________________

____

3. Wähle **drei Aspekte** aus der Argumenteliste aus, **die deine Position unterstützen**. Begründe deine Auswahl.

INFO zu 3.

Arbeitsschritte:

1. Argumenteliste nach Pro- und Kontra-Argumenten **sortieren**
   → *mit verschiedenen Farben unterstreichen*
2. **Argumente gewichten** und drei Pro-Argumente **auswählen**
   → *○○○ = besonders wichtig, ○○ = wichtig, ○ = weniger wichtig*
3. **Auswahl** durch Beispiele oder Erfahrungen **begründen**
4. **Gegenargument auswählen** und durch Beispiele oder Erfahrungen **entkräften**

Auf den Seiten 53–55 lernst du, wie du Argumente aufbauen bzw. entkräften kannst.

Nr.	Begründung zu Nr.
Nr.	Begründung zu Nr.
Nr.	Begründung zu Nr.

4. Wähle **einen Aspekt** aus der Argumenteliste aus, **der gegen deine Ansicht spricht**, und entkräfte ihn.

Nr.	Entkräftung

5. Du musst dich in deinem Brief an deinen **Adressaten** wenden.

a) Notiere, an welchen Adressaten du dich wenden musst.

____

b) Unterstreiche, an welchen Stellen der Adressat direkt angesprochen wird.

INFO zu 5.

So schreibst du adressatenbezogen:
Der Adressat ist die Person, an die du dich in deinem Brief richtest (z. B. Schulleiter/in, Elternpflegschaftvorsitzende/r, Leser/innen der Schülerzeitung, …)

1. Du wählst eine Anrede und eine Schlussformel:
   Sehr geehrte/r Frau/Herr …,
   Liebe/r Frau/Herr …,
   Mit freundlichem Gruß
2. Du wendest dich während des Briefes immer wieder an deinen Adressaten:
   Sie wissen ja, dass …
   Ihren Einwand können wir verstehen, doch …

Sehr geehrte Frau Karsten,

wir bitten Sie darum, dass unsere Schule an dem Wettbewerb des Senders „Klasse" teilnehmen darf.

Wenn wir an dem Wettbewerb teilnehmen, wäre dies eine gute Werbung für unsere Schule, denn nicht nur der Radiosender, sondern auch die Zeitung würde darüber berichten. Das ist Ihnen doch sicher sehr recht. …

Wir versichern Ihnen, dass der Schulbetrieb nicht gestört wird, da der Wettbewerb am Nachmittag stattfinden wird. …

Sie werden sicher stolz auf uns sein, wenn wir zeigen können, wie gut wir uns in der Musik auskennen. …

Sie sehen, dass wir uns sehr gründlich Gedanken gemacht haben und uns nicht leichtfertig an Sie wenden. Daher bitten wir Sie, uns die Teilnahme am Wettbewerb zu erlauben.

Mit freundlichen Grüßen Ihre SV

c) Unterstreiche, an welchen Stellen die Position des Adressaten deutlich berücksichtigt wird.

INFO zum Cluster von Seite 51

So arbeitest du mit dem Cluster

1. Trage zuerst in die Mitte das Argumentationsthema ein, z. B. *Teilnahme an einem Musikquiz, Anschaffung von Hörbüchern …*
2. Ergänze nach dem Lesen der Aufgabenstellung die Äste: *Adressat, Interessen/Position des Adressaten, eigene Position.*
3. Ergänze nach der Auswertung der Argumenteliste die Äste: *Argumente gegen die Position des Adressaten* (deine eigene Position) und *Argument für die Position des Adressaten* (Gegenargument).
4. Nimm in dein Cluster die Entkräftung des Gegenargumentes auf.

Du kannst das Cluster für alle Argumentationsaufgaben nutzen.

Einen Schreibplan für einen argumentativen Brief erstellen

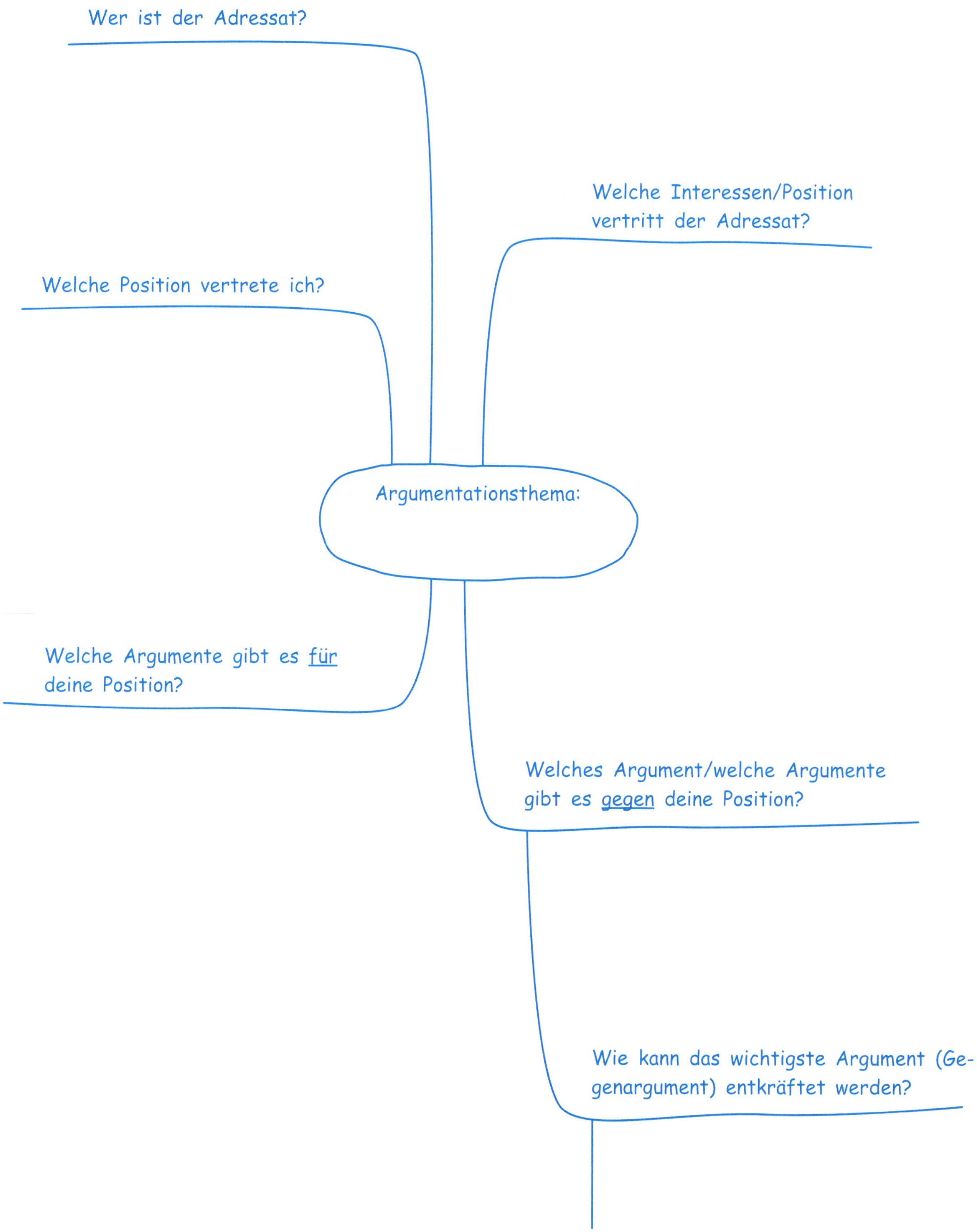

D 2 Argumente entfalten und entkräften

Wenn du jemanden von deinem Standpunkt überzeugen willst, musst du Argumente nachvollziehbar und stichhaltig entfalten und die Einwände deines Adressaten so entkräften, dass er deine Meinung als richtig ansieht.

1. Lies noch einmal die Aufgabe 1 auf Seite 49 und danach die Argumenteliste unten. Schaue dir an, wie ein Schüler die Aspekte strukturiert, gewichtet und kommentiert hat. Beachte auch, welche Aspekte er selbst ergänzt hat.

____ stützt meine Meinung (Pro) ----- muss ich entkräften (Kontra) O = Überzeugungspunkt

1. jeder kann sein Wissen zeigen OO
2. Konkurrenzdenken wird gefördert (Ehrgeiz) OO → kann sich aber auch negativ auswirken OO
3. stört den Schulbetrieb OO
4. Werbung für die Schule OOO
5. Auswahl der Teilnehmer führt zu Streit OOO
6. Musikunterricht wird aufgewertet OOO
7. Spaßfaktor O
8. Quiz fördert die Allgemeinbildung OOO
9. dient dem Sender als Werbezweck OO
10. Schule ist zum Lernen da OO → durch das Quiz lernt man … O
11. Unterricht darf nicht ausfallen OOO
12. einzelne Teilnehmer könnten als Radiotalente entdeckt werden O

→ 13. das Image der Schule wird gestärkt OOO
→ 14. Wettbewerb wäre schädigend, wenn Schüler verlieren würden OOO
→ 15. das Gemeinschaftsgefühl der Schüler wird gestärkt OOO

INFO zu 2.

So entfaltest du die Aspekte aus der Argumenteliste nachvollziehbar und stichhaltig:

1. Wähle einen Aspekt aus der Liste aus, mit dem du dein Anliegen (hier: *Teilnahme am Musikquiz des Jugendsenders „Klasse"*) stützen kannst und dem du viele Überzeugungspunkte zugeteilt hast.
2. Stütze diese Behauptung durch Begründungen, Beispiele, Belege, Fakten, eigene Kenntnisse oder Erfahrungen.
3. Du kannst auch den Zweck näher erläutern, eine Schlussfolgerung oder einen alternativen Vorschlag ergänzen.
4. Denke daran, dass du bei der Entfaltung immer auch den Adressaten (hier: *die Schulleiterin*) und die Sichtweise berücksichtigst, die du selbst vertrittst (hier: *Schulsprecher/in, der/die den Antrag für alle Schüler stellt*).
5. Abschließend musst du prüfen, ob dein entfaltetes Argument glaubwürdig und für die Leser nachvollziehbar ist. Es sollte sich auf überprüfbare Fakten berufen oder unbestreitbar sein. Verwende keine
   a) frei erfundenen Beispiele (*Selbst Dieter Bohlen ist von diesem Quiz begeistert.*),
   b) starken Übertreibungen (*Die meisten Schüler haben bereits Erfahrungen mit einem Musikquiz gemacht.*),
   c) Verallgemeinerungen (*Jeder kennt sich mit Musik aus.*).

2. Lies die INFO zu 2. und erkläre in der Randspalte, wie das Argument entfaltet wurde. Setze dazu die Anmerkungen fort.

→ Wir sind der Ansicht, dass die Teilnahme an dem Musikquiz unsere Allgemeinbildung fördert, denn wir müssen uns im Vorfeld des Wettbewerbs gut vorbereiten. Dazu gehört zum Beispiel, dass wir uns mit verschiedenen Musikrichtungen, wie Hip Hop, House, aber auch Klassik, auseinandersetzen müssen. Jeder Teilnehmer muss dazu herausfinden, wo er noch Schwächen hat, und diese beheben. Es ist sicher auch in Ihrem Interesse, dass dadurch die Leistungen im Musikunterricht verbessert werden.

- *eigene Meinung / Behauptung / Einbezug der Position des Absenders*
- *Begründung*
-
-

3. Untersuche die folgenden Argumente zum Thema. Setze dazu die Anmerkungen fort.
   a) Überlege, ob die Argumente stichhaltig sind.
   b) Überprüfe, wo du sie sprachlich und inhaltlich verbessern kannst (s. INFO, Tipp zu 4.).
   c) Schreibe beide Argumente überarbeitet auf ein Extra-Blatt.

→ A) Die Schüler entwickeln bei dem Wettkampf viel Ehrgeiz. Dies wirkt sich auch auf den Unterricht aus. Außerdem können die Schüler zum Beispiel beim nächsten Sportturnier mit viel Ergeiz an die Sache rangehen, weil sie besser sein möchten als die anderen.

- *Adressatenbezug fehlt: „Wir alle …", „… den Unterricht Ihrer Kollegen …"*
- *durch „außerdem" wirkt der 2. Satz wie ein neuer Aspekt; besser: „Das hat zur Folge, dass …"*

→ B) Durch die Teilnahme an einem solchen Wettbewerb wird das Image der Schule gestärkt. Man sieht, dass sich die Schüler einsetzen und für ihre Schule kämpfen. Andere Schulen sehen das und werden es positiv betrachten. Auch wenn unsere Schüler nur einen der hinteren Plätze erreichen, werden sie diesen mit Würde tragen.

- *Man: Wer?*
- *Wie?? Beispiel fehlt!*

4. Entfalte die beiden folgenden Aspekte.

– *Musikunterricht wird aufgewertet*

____

____

____

____

____

– *das Gemeinschaftsgefühl der Schüler wird gestärkt*

____

____

____

____

TIPP zu 4.

Folgende Formulierungen können dir helfen, die Teile eines Argumentes flüssig zu verknüpfen:
weil / denn / darum / deswegen / deshalb / Des Weiteren … / Als Beleg dafür kann … angeführt werden / Das liegt daran, dass … / Besonders deutlich zeigt sich dies an … / Dies wird besonders deutlich an … / Ein Grund dafür ist … / Ein Beispiel dafür ist … / Ich weiß aus eigener Erfahrung, dass … / beispielsweise / zum Beispiel / Das lässt sich dadurch beweisen/belegen, dass … / Am Beispiel … wird deutlich, dass … / Das hat zur Folge, dass … / So zeigt sich, dass … / Daraus ergibt sich, dass … / In Anbetracht der genannten Argumente …

INFO zu 5. und 6.

So entkräftest du einen Einwand:

1. Um deinen Adressaten überzeugen zu können, musst du auch dessen mögliche Einwände berücksichtigen und entkräften. Das heißt, du nennst das Gegenargument und schwächst es ab, indem du etwas Positives daran findest oder einen alternativen Vorschlag machst (vergleiche dazu Beispiel A) unten).
2. Je deutlicher du auf die Gegenseite eingehst, z. B. durch direkte Ansprache, desto mehr fühlt sich dein Adressat in deine Überlegungen einbezogen. Du zeigst, dass du dich intensiv mit seiner Sichtweise auseinandergesetzt hast.
3. Nutze die folgenden Formulierungen zum Entkräften: *aber / dennoch / trotzdem / obwohl / Auch wenn Sie denken, dass … / Einerseits … , andererseits … / Es stimmt schon, … / Dies ist zwar richtig, doch … / Natürlich können wir Ihren Standpunkt nachvollziehen, … / Sicher meinen/denken Sie, dass … / Aber Sie sollten auch bedenken, dass …*

5. Untersuche die folgenden entkräfteten Gegenargumente. Mache Notizen in der Randspalte.
   a) Überlege, ob der Schüler den Einwand wirklich entkräftet hat: Könnte der Adressat einen weiteren Einwand äußern oder eine Nachfrage haben?
   b) Überprüfe, an welcher Stelle du sie sprachlich und inhaltlich verbessern kannst (s. INFO).
   c) Schreibe die beiden entkräfteten Gegenargumente überarbeitet auf ein Extra-Blatt.

A) Es mag zwar Unterricht ausfallen, aber ersetzt so ein Wettbewerb nicht unzählige Musikstunden? Natürlich ist es gesetzlich vorgegeben, dass Unterricht stattfinden muss, dennoch würde den Schülern so ein Wettbewerb viel mehr bringen. Um den Unterrichtsverlust so gering wie möglich zu halten, würde ich vorschlagen, es so zu organisieren wie einen Studientag, also den Schülern Aufgaben für zu Hause mitzugeben. So lernen die Schüler etwas über Musik und haben danach den Unterrichtsstoff für den Tag gelernt.	*– Adressatenbezug fehlt: „Sie müssen bedenken, dass …“* *– Erklärung fehlt: Warum???*
B) Die Teilnahme an dem Wettbewerb wäre für die Schule schädigend, wenn wir schlecht abschneiden würden, da dies zum Beispiel auf mangelndes Wissen zurückzuführen wäre. Eltern könnten so Zweifel bekommen, ob das Kind die richtige Schule besuchen würde. Doch dem wäre nicht so, da die Schule gerade durch solche Wettkämpfe beweisen würde, dass man offen für Aktionen ist, die die Schüler interessierten.	*– Adressatenbezug einbauen: „Sie denken sicher, dass …, aber …“; nicht „schädigend“, sondern „unvorteilhaft“*

6. Wähle einen eigenen Aspekt aus der Argumenteliste aus und entkräfte ihn.

____

____

____

7. Formuliere nun deinen Brief an die Schulleiterin Frau Karsten. Stütze deine Meinung durch drei Argumente und entkräfte ein Gegenargument. Arbeite dazu auf einem Extra-Blatt.

D 3 Eine Erörterung gliedern

Die Erörterung ist die schriftliche Form einer Diskussion, in der ein Problem geklärt oder gelöst werden soll. Für jedes Problem gibt es unterschiedliche Standpunkte (eine Pro-These, die die aufgeworfene Frage bejaht, und eine Kontra-These, die diese Frage verneint). Sowohl für die Pro- als auch für die Kontra-These musst du Argumente sammeln. Ziel ist es, ein begründetes persönliches Urteil abzugeben.

TIPP

Bei dem Aufbau deiner Erörterung musst du dir über folgende Fragen klar werden:
- Was ist die Problemfrage?
- Wie lautet die Pro-These, wie die Kontra-These?
- Für wen schreibe ich? (Wer ist der Adressat?)
- Welche Argumente finde ich für die Pro-These? Welche Argumente sind stark, welche nicht so stark?
- Welche Argumente finde ich für die Kontra-These? Welche Argumente sind stark, welche nicht so stark?
- Was ist meine Meinung zu der Problemfrage?

Problem: Sollen Schülerinnen und Schüler das Internet, das sie bislang in der Schule nur für Unterrichtszwecke nutzen dürfen, künftig auch privat nutzen können?

Pro-These: Ja, weil…

Kontra-These: Nein, weil…

Für beide Thesen musst du nun Argumente finden und gegenüberstellen (Stoffsammlung). In den Prüfungsaufgaben findest du bereits Texte und Grafiken, die dir Gesichtspunkte oder Argumente liefern. Manchmal musst du auch eigene Argumente suchen.

1. Ordne folgende Gesichtspunkte der Pro- oder Kontra-These zu.

a) Eltern und Lehrer haben Angst, dass brutale Bilder, Pornos oder Gewaltspiele angeklickt werden.

b) Per E-Mail hat man schneller und direkter Kontakt zu anderen, vor allem für die Planung der Freizeit.

c) In mehr als 50 Prozent aller Haushalte in Deutschland stehen bereits ans Internet angeschlossene Computer.

d) Eine häufige Nutzung des Computers macht unkonzentriert und nervös.

TIPP

Die Gesichtspunkte musst du später zu Argumenten entfalten. Dies hast du unter D2 (Seite 53-55) wiederholt. Beachte dabei, welche Gesichtspunkte sich als Behauptung, Begründung und Beispiel/Beleg eignen.

INFO

Eine Erörterung gliedert sich in drei große Teile.

Einleitung: Sie führt die Leser an das Thema/das Problem heran und weckt ihr Interesse. Dies kann durch ein Beispiel aus dem eigenen Erleben, durch einen aktuellen Anlass, ein geschichtliches Ereignis, ein Sprichwort oder Zitat oder durch statistisches Zahlenmaterial unterstützt werden. Außerdem kannst du Schlüsselbegriffe erklären oder wichtige Begriffe gegenüberstellend erläutern. Die Einleitung endet mit der Problemstellung oder der Fragestellung, zu der du Stellung nehmen sollst.

Hauptteil: Hier musst du deine Argumente entfalten: Behauptung – Begründung – Beispiel/Beleg. Um umfassend zu informieren, beginnst du mit den Argumenten, die gegen deine Meinung sprechen (vom stärksten zum schwächsten absteigend). Dann folgen die Argumente, die deine Meinung stützen. Dabei ist wichtig, dass du deinen Standpunkt am Ende der Erörterung mit den wichtigsten Argumenten unterstützt. Die beiden Teile verbindest du mit einem überleitenden Satz. Wichtig ist, dass deine Argumentation andere überzeugt.

Schluss: Zum Abschluss formulierst du deine Meinung, deine persönliche Stellungnahme, die sich aus deiner Argumentation ergibt. Dabei kannst du dein stärkstes Argument nochmals zusammenfassend wiederholen. Ebenfalls kannst du eine Aufforderung oder einen Appell formulieren, einen Ausblick auf zukünftige Entwicklungen geben oder einen persönlichen Wunsch in Bezug auf das Problem äußern. Wichtig ist, dass deine Meinung ganz deutlich wird.

Zur Schreibplanung gehört eine **Gliederung**. Sie dient dazu, deine Gesichtspunkte in eine geordnete Reihenfolge zu bringen. Dabei hast du zwei Möglichkeiten:

- Numerische Gliederung (nur mit Zahlen),
- Alphanumerische Gliederung (mit Buchstaben und Zahlen).

Mögliche Gliederungen:

TIPP

Formuliere deine Gliederungspunkte **stichwortartig** oder in **kurzen Sätzen**.

	numerisch	alphanumerisch
Einleitung: Darstellung des Problems	1.	A
Hauptteil	2.	B
Formulieren der These, die man nicht vertritt	2.1	B 1
– stärkstes Argument	2.1.1	B 1.1 / B 1.a
– starkes Argument	2.1.2	B 1.2 / B 1.b
– nicht so starkes Argument	2.1.3	B 1.3 / B 1.c
Überleitungssatz		
Formulieren der These, die man vertritt	2.2	B 2
– nicht so starkes Argument	2.2.1	B 2.1 / B 2.a
– starkes Argument	2.2.2	B 2.2 / B 2.b
– stärkstes Argument	2.2.3	B 2.3 / B 2.c
Schluss: Darstellung der eigenen Meinung	3.	C

2. Ordne die Sätze einem Gliederungspunkt zu.
   Finde heraus, welche Meinung der Schreiber zu dem Problem (Seite 56) vertritt.

A) Es stellt sich die Frage, ob die Schulcomputer, die bislang an unserer Schule nur für schulische Zwecke unter Aufsicht einer Lehrkraft genutzt werden dürfen, auch privat genutzt werden können.

B) Außerdem werde ich immer sicherer im Umgang mit dem Computer, was für meinen späteren beruflichen Weg nur vorteilhaft sein kann. Schon heute gibt es keinen Beruf mehr, der ohne die Nutzung von Computern auskommt. Dazu gehört auch die Nutzung des Internets. Deshalb muss sich jeder, der später im Beruf erfolgreich sein will, mit Programmen und der Internetnutzung gut auskennen. Dafür gibt es gute Lernprogramme oder auch Programme der Agentur für Arbeit, die ich in meiner freien Zeit nutzen kann.

C) Mir erscheint es bedenkenswert, dass Eltern große Angst davor haben, wenn ihre Kinder auf Seiten stoßen, die für sie schädlich sind, weil sie Gewaltszenen oder Pornografie enthalten. Diese Sorge ist verständlich, denn auch mir ist das schon passiert, weil man den Inhalt häufig nicht am Namen der Seite erkennen kann.

D) Viele Argumente sprechen dagegen, dass das schulische Internet privat genutzt wird. Nun will ich aber darlegen, welche Argumente für die private Nutzung sprechen.

E) Mithilfe des Internets ist es leicht, Kontakte über weite Entfernungen herzustellen, z. B. zu Freunden im Ausland. Dies ist die einfachste und oft preiswerteste Möglichkeit, mit anderen im Chat zu sprechen.

F) Ich möchte nochmals betonen, dass es nicht um das grenzenlose Surfen im Internet oder das lange Spielen irgendwelcher Spiele geht, sondern um eine begrenzte Nutzung des Internets für private Zwecke.

G) Es besteht auch die Gefahr, dass durch übermäßiges Benutzen des Internets eine Art Sucht entsteht. Dies ist in mehreren Studien nachgewiesen worden. Jugendliche haben dabei zugegeben, dass sie ohne die ständige Nutzung des Internets nicht mehr leben können.

H) Wichtig erscheint mir, dass es die private Nutzung der Schulcomputer nur zu bestimmten Zeiten mit bestimmten Regeln geben soll. Möglich wäre es auch, für jeden privaten Nutzer ein wöchentliches Zeitkonto mit Passwort einzurichten und somit eine Zeitbeschränkung einzubauen.

I) Nachdem in unserer Schule der Ganztagsbetrieb mit langer Mittagspause eingeführt wurde und die Computerausstattung in der Mediothek und den Schülerarbeitsräumen verbessert wurde, hat die Schülervertretung diskutiert, ob die Nutzung der schulischen Computer erweitert werden kann.

D 4 Eine Erörterung in sechs Schritten erarbeiten

Im Folgenden werden die wichtigsten Arbeitsschritte für das Erarbeiten einer Erörterung vorgestellt. Den Text und die Aufgabenstellungen findest du auf den Seiten 60–62.

Erster Schritt: Sich orientieren

TIPP zum ersten Schritt

Stürze dich nicht gleich in die Arbeit, sondern verschaffe dir einen ersten Überblick: Lies die Überschriften und die verschiedenen Materialien und beachte dabei die folgenden Punkte:

- Um welches Thema geht es?
- Überfliege die Texte.
- Lies die Aufgabenstellungen der Teilaufgaben. Du weißt dann, worauf du beim Lesen der Texte achten musst.

1. Notiere stichpunktartig, was dir zum Thema „Vollwertkost in der Schulmensa" einfällt.

____

2. Schau dir die Teilaufgaben ❶ – ❸ (Seite 62) an. Schreibe auf, was du tun sollst.

   Teilaufgabe 1: ____________________________

   Teilaufgabe 2: ____________________________

   Teilaufgabe 3: ____________________________

Zweiter Schritt: Den Text lesen und den Inhalt erfassen

TIPP zum zweiten Schritt

- Lies den Text mehrmals. Unterstreiche alle Wörter oder Textstellen, die dir unbekannt sind.
- Verwende zum Klären dieser Stellen ein Wörterbuch oder erschließe die Bedeutung aus dem Textzusammenhang. Schreibe deine Erklärungen an den Rand des Textes.
- Kennzeichne wichtige oder unklare Textstellen mit Zeichen (! ?). Verweise kannst du mit Pfeilen (→) verdeutlichen.

3. Schau dir im Text auf Seite 60/61 die Unterstreichungen und die Randnotizen an. Bearbeite den gesamten Text in gleicher Weise mit dem Stift.

Dritter Schritt: Den Text untersuchen

4. Notiere dir in Stichworten den Aufbau des Textes.

   Grund für die Umstellung der Verpflegung:

   Neuanfang der Ganztagsschule

   ____

   ____

   ____

   ____

TIPP zum dritten Schritt

- Ein Text besteht aus mehreren Sinnabschnitten. Jeder Sinnabschnitt enthält einen Aspekt des Themas oder ein Argument. Ein Sinnabschnitt kann einen oder mehrere Textabschnitte umfassen.
- Achte auf den Hinweis über dem Prüfungstext. Markiere Gesichtspunkte für Pro- und Kontra-Argumente auf unterschiedliche Weise.

Die nächsten Schritte folgen auf Seite 63.

Lies die folgenden Texte aufmerksam durch. Du kannst dabei schon Gesichtspunkte für oder gegen die Einführung von Vollwertkost in der Schulmensa markieren.

Vollwertkost in der Schulmensa!?

Die Richard-von-Weizsäcker-Schule wird Ganztagsschule. Nun diskutieren verschiedene Gremien, welche Gerichte und Nahrungsmittel in der neuen Schulmensa angeboten werden sollen.
Die Redakteure der Schülerzeitung erhalten viele E-Mails und sammeln die eingehenden Meinungen, um ihnen ein Forum zu bieten.
Hier findest du einige dieser E-Mails:

Hi,
also Leute, mal ganz ehrlich, ich will hier nicht noch Ökofutter essen müssen. Alle, mit denen ich gesprochen habe, haben gesagt, dass sie die Mensa nicht akzeptieren, wenn es dort nur Vollwertkost gibt. Man möchte da ja relaxen und dazu gehört eben eine ordentliche Pizza oder ein Burger. Es geht um unsere Freizeit und die wollen wir genießen. Wenn wir in Hauswirtschaft vollwertig kochen, dann reicht das ja wohl!!!
Ina, 8. Klasse

??

Liebe Schülerinnen und Schüler,
ich bin ganz begeistert von dem Ganztagsangebot in eurer Schule! Ich kann mir aber nicht vorstellen, dass die Idee, Vollwertkost in der neuen Mensa anzubieten, viele Freunde finden wird. Wir Eltern müssen die Verpflegung schließlich bezahlen und viele haben zwei oder mehr Kinder. Dann kann das ganz schön teuer werden. Jeder, der auf den Pfennig gucken muss, weiß, dass Bioprodukte viel teurer sind. Außerdem habe ich mir Gedanken über die Zubereitung der Gerichte gemacht. Das wird heiß gemacht, schockgefroren und dann wieder erhitzt. Man muss einen Haufen Geld für Nahrung ausgeben und dann ist doch nix Anderes mehr drin als in einer Pizza.
Charlotte K., Mutter einer 10-jährigen Schülerin

Argumente gegen Vollwertkost

Hallöchen,
ich verfolge die Diskussion ganz genau und ich weiß, dass viele von euch die Idee nicht wirklich klasse finden. ABER: Wenn wir etwas zusammen unternehmen, dann gehen wir dauernd zum Döner-Mann oder in die Fastfood-Bude. Was wir zusammen essen, das ist echt nicht der Renner.
Was ist so schlimm daran, in der Schule auch mal andere Sachen kennenzulernen? Außerdem bin ich Allergiker und habe zu kämpfen mit all' diesen Inhaltstoffen von Fastfood. Vollwertkost hält viel länger vor, da muss man nicht dauernd wieder etwas in sich reinstopfen und sich mit leeren Kohlehydraten dick und rund essen. Wer von euch isst denn schon vernünftig??? Denkt doch auch mal an die Kleinen, denn wenn man früh mit dem neuen Essen anfängt, dann findet man es bestimmt irgendwann ganz normal, Vollwertkost und Bioprodukte zu essen. Erinnert euch daran, wie stolz wir auf unsere Auszeichnungen als Umweltschule in Europa sind. Da passt es dann ja wirklich nicht, nur Junk-Food anzubieten.
Hannes, 10. Klasse

?? siehe Ernährungspyramide

Ihr Lieben,
ich möchte mich nun auch zu Wort melden. Als Sportlehrerin sehe ich genau, was das falsche Essen anrichten kann. Nehmt es mir nicht übel, aber in den letzten Jahren habt ihr insgesamt ganz schön zugelegt und viele Übungen sind euch schnell zu anstrengend.
Denkt bitte auch daran, dass ihr nach dem Essen in der Mensa noch weiter lernen müsst. Es ist erwiesen, dass Pizza und Co. sehr fetthaltig sind und sicher kennt ihr den Spruch „Voller Bauch studiert nicht gern“. Dazu habe ich euch mal die Ernährungspyramide runtergeladen. Wenn ihr ehrlich zu euch seid, dann bewegt ihr euch mit euren Essgewohnheiten wohl eher am oberen Ende. Habt Mut zu etwas Gesundem und tut euch und eurem Körper einen Gefallen!!!

Simone S., Sportlehrerin und SV-Lehrerin

Empfehlungen für eine gesunde Ernährung

sparsam – weniger!

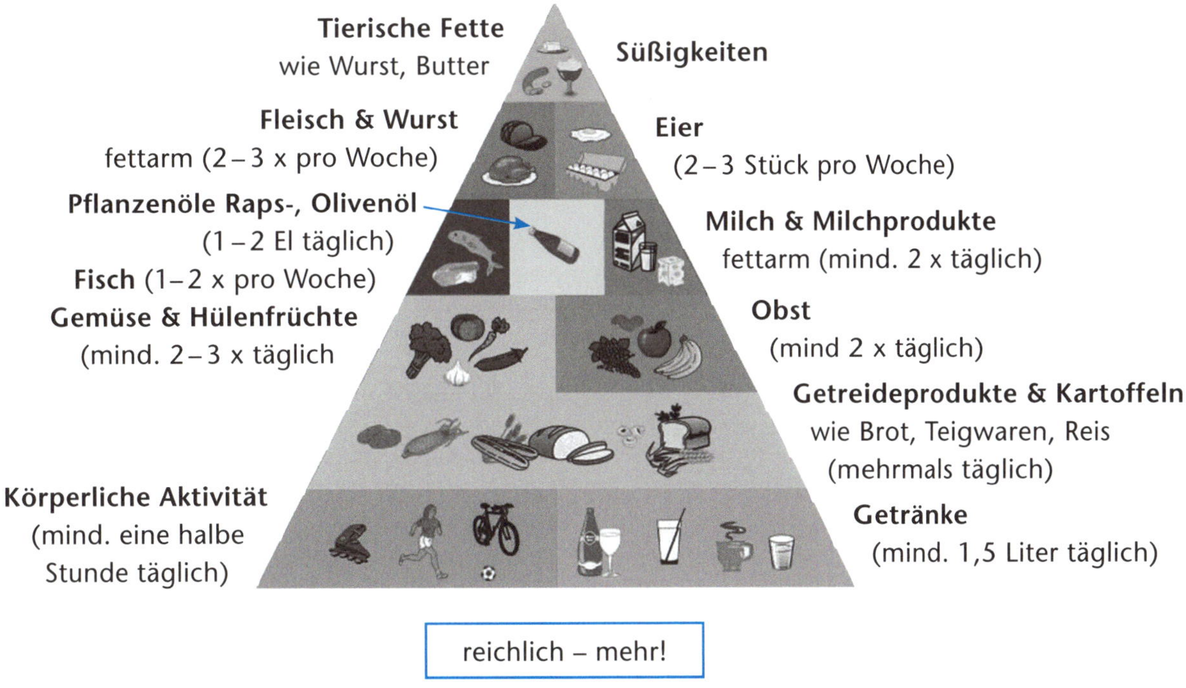

reichlich – mehr!

Teilaufgabe 1

Trage stichwortartig Gesichtspunkte, die im Text für oder gegen eine Einführung der Vollwertkost sprechen, in die Tabelle ein.

	Gesichtspunkte
Für eine Einführung	
Gegen eine Einführung	

Teilaufgabe 2

Du sollst eine Erörterung anfertigen. Erstelle zuerst eine Gliederung (numerisch oder alphanumerisch). Wähle dazu aus der Tabelle aus Teilaufgabe 1 jeweils die drei Pro-Argumente und drei Kontra-Argumente aus, die dir am wichtigsten erscheinen.
Gliedere hierbei vom weniger wichtigen zum wichtigsten Argument und schließe mit den Argumenten, die deine eigene Position stützen.
Hinweis: Berücksichtige auch deine eigenen Erfahrungen; du kannst ein Argument aus der Tabelle durch ein eigenes ersetzen.

Teilaufgabe 3

Schreibe auf der Grundlage deiner Gliederung eine Erörterung zu dem Thema „Vollwertkost in der Schulmensa?“. Beachte den Aufbau von Argumenten und vergiss Einleitung und Schluss nicht. Berücksichtige bei der Erörterung auch die Informationen aus der Ernährungspyramide und arbeite sie in deine Erörterung mit ein.

Vierter Schritt: Eine Stoffsammlung anlegen

TIPP zum vierten Schritt

Im Text gibt es Gesichtspunkte, die für oder gegen eine Einführung von Vollwertkost in der Schulmensa sprechen (siehe deine Unterstreichungen und Markierungen im Text). Die Teilaufgabe ❶ fordert dich auf, diese zu ordnen und stichwortartig aufzuschreiben. Damit hast du für deine Erörterung eine Stoffsammlung angelegt. Du kannst überlegen, welchen Gesichtspunkt du durch einen eigenen austauschen willst. Auch das Schaubild kann einen weiteren Gesichtspunkt liefern oder einen bestehenden untermauern. Deshalb ist es sinnvoll, das Schaubild in diesem Schritt genauer zu betrachten.

5. Bearbeite Teilaufgabe ❶ auf Seite 62.

6. Notiere, welchen Gesichtspunkt der Tabelle du aufgrund deiner eigenen Erfahrung/deiner Meinung ersetzen willst.

___

___

7. Welche Empfehlung für eine gesunde Lebensweise lässt sich aus der Ernährungspyramide entnehmen?

___

___

___

___

TIPP zu 7.

Untersuche das Schaubild genauer und mache dir Notizen:
- Worum geht es in dem Schaubild? Achte auf die Überschriften
- Welche Angaben kannst du erkennen? Wird etwas verglichen?

Fünfter Schritt: Argumente formulieren und eine Gliederung erstellen

TIPP zum fünften Schritt

In dem Text hast du mehrere Gesichtspunkte gefunden, die für oder gegen Vollwertkost an Schulen sprechen.
Zuerst musst du eine wichtige Entscheidung treffen: Welche Meinung hast du zu dem Problem? Bist du **für oder gegen eine Einführung von Vollwertkost**?
Deine Entscheidung hat für deine Gliederung wichtige Folgen: Bist du **für eine Einführung von Vollwertkost**, dann musst du die Argumente, die gegen Vollwertkost sprechen, an den Anfang stellen. Die Argumente, die deine Meinung stützen, also für Vollwertkost, stehen am Ende.
Bist du jedoch **gegen eine Einführung von Vollwertkost**, gehst du genau umgekehrt vor: Am Anfang stehen die Argumente, die für Vollwertkost sprechen, erst dann folgen die, die gegen Vollwertkost sprechen.
Dann überprüfst du, welche Gesichtspunkte sich als Behauptung, Begründung oder Beispiel eignen und schreibst stichwortartig dreischrittige Argumente (siehe D 2, Seite 53-55) in deine Gliederung. Diese Stichworte musst du später in deiner Erörterung zu vollständigen Argumenten entfalten.
Wenn du dann die Argumente gewichtet und in eine Reihenfolge gebracht hast, kannst du im Schluss überzeugend deine Meinung darlegen.

8. Wie entscheidest du dich?

Ich spreche mich   eine Einführung von Vollwertkost in der

Schulmesa aus.

9. Formuliere stichwortartig drei Kontra-Argumente (gegen eine Einführung von Vollwertkost in der Schulmensa). Verwende dazu die Tabelle und deine Notizen zu eigenen Argumenten und zu dem Schaubild.

- zu teuer für einige Mitschüler → höhere Preise, weil Vollwertprodukte nicht in so großen Mengen produziert werden → Produkte im Bio-Laden sind auch teurer als im Supermarkt

10. Formuliere stichwortartig drei Pro-Argumente (für eine Einführung von Vollwertkost in der Schulmensa). Verwende dazu die Tabelle und deine Notizen zu eigenen Argumenten und zu den Grafiken.

- für Allergiker geeignet → auf künstliche Zusatzmittel wie Geschmacksverstärker o. Ä. wird verzichtet → wichtig, da Zahl der Lebensmittelallergien zunimmt

11. Gewichte deine Stichwort-Argumente mit Plus- oder Minuszeichen.

TIPP zu 11.

Für die Gliederung musst du folgende Gesichtspunkte beachten:

- Zuerst kommen die Argumente, die gegen deine Ansicht sprechen. Sie sind absteigend
  vom stärksten zum — — —
  schwächsten Argument — —
  angeordnet. —
- Die Argumente, die für deine Meinung sprechen, ordnest
  du aufsteigend vom +
  schwächsten zum + +
  stärksten Argument an. + + +
- Entscheide dich für eine numerische oder alphanumerische Gliederung. Lies nach bei D 3 auf Seite 57.

12. Untersuche die folgenden Gliederungen.
   a) Woran erkennst du, welche Gliederung auf eine Befürwortung der Einführung von Vollwertkost in der Schulmensa ausgerichtet ist und welche auf eine Ablehnung?
   b) Bearbeite Teilaufgabe 2 (Seite 62). Ergänze dazu diejenige Gliederung, die deiner Schreibabsicht entspricht, auf einem Extrablatt.

Gliederung A

1. Einleitung
Thema: Einführung von Vollwertkost in der Schulmensa – informieren über das Problem – weitere Daten verwenden (Ernährungspyramide)

2. Hauptteil
2.1 Gegen die Einführung
2.1.1 zu teuer für einige Mitschüler – höhere Preise wegen geringerem Absatz – Vergleich Bio-Laden – Supermarkt
2.1.2 weniger Freizeit der Schüler ...
2.1.3 ...

2.2 Für die Einführung
2.2.1 zu viele übergewichtige Schüler ...
2.2.2
2.2.3

3. Schluss

Gliederung B

A Einleitung
Thema: Einführung von Vollwertkost in der Schulmensa – informieren über das Problem – weitere Daten verwenden (Ernährungspyramide)

B Hauptteil
B1. Für die Einführung
B1.1 immer mehr übergewichtige Schüler – hoher Konsum von Fastfood, wenig Bewegung – sportmedizinische Untersuchungen belegen Probleme einseitiger Ernährung
B1.2 ...

B2 Gegen die Einführung
B2.1 ...
B2.2
B2.3 ...

C Schluss

Sechster Schritt: Eine Erörterung schreiben und überarbeiten

TIPP zum sechsten Schritt

In einer Erörterung sollst du nachweisen, dass du dich mit einem Thema intensiv auseinandergesetzt und eine bestimmte Meinung gewonnen hast. Du musst also die Argumente so ausführlich und stimmig darstellen, dass sie für die Leser verständlich und nachvollziehbar sind. Gehe so vor:

- Stelle in der Einleitung das Problem deutlich dar: Dies kann mit einem Beispiel, das du erlebt hast, mit einem aktuellem Ereignis, einem Zitat, einer Begriffserklärung oder mit statistischem Material erfolgen.
- Am Ende der Einleitung steht die Problemfrage oder der Problemsatz:
  Daher muss man sich die Frage stellen ...
- Es folgen die Argumente (Pro und Kontra), die jeweils aus drei Teilen bestehen: Behauptung, Begründung, Beispiel/Beleg (siehe D 2, Seite 53-55).
- Dein Text wirkt flüssiger, wenn du die einzelnen Argumente miteinander verknüpfst. Folgende Wörter helfen dir:
  weiterhin, darüber hinaus, außerdem, hinzu kommt, dabei ist zu bedenken, ebenso, sowohl ... als auch, ebenfalls, ebenso, erstens, zweitens, ferner, daher.
- Leite von dem ersten Teil des Hauptteils (in dem du die Meinung dargestellt hast, die du nicht vertrittst) zum zweiten Teil mit einem verbindenden Satz über:
  Auf der anderen Seite, andererseits, bedacht werden sollte jedoch auch ..., nicht vergessen werden sollte allerdings ..., Befürworter/Gegner betonen hingegen ...
- Im Schluss machst du deine Meinung deutlich, indem du das Vorangegangene zusammenfasst. Begründe deine Meinung ausführlich.

13. Bearbeite nun Teilaufgabe 3 (Seite 62). Beginne auf einem Extrablatt mit der Einleitung.
Du kannst folgende Formulierungshilfen verwenden:

Die Probleme, die die Einführung von Vollwertkost in der Schulmensa mit sich bringt, sind in der letzten Zeit an vielen Schulen diskutiert worden. Auch an unserer Schule hat es in der ...

Ich möchte daher der Frage nachgehen, ...

Schließe nach einem Absatz deinen Hauptteil an:

Gegen die Einführung von Vollwertkost in der Schulmensa spricht zunächst, dass ...

Leite mit einem Überleitungsatz zum zweiten Hauptteil über:

Viele Argumente, die gegen eine Einführung von Vollwertkost in der Schulmensa sprechen, sind nicht einfach von der Hand zu weisen.

Allerdings wird häufig außer Acht gelassen, dass ...

Entfalte deine Stichworte zu vollständigen Argumenten.

Für eine Einführung von Vollwertkost in der Schulmensa spricht, dass es immer mehr übergewichtige Schüler gibt. Das liegt vor allem daran, dass sie immer mehr Fastfood essen und sich nicht gesund ernähren, wie es die Ernährungspyramide empfiehlt. Früher haben Kinder und Jugendliche zum Beispiel viel häufiger Sport getrieben und so mehr Kalorien verbrannt. Auch medizinische Untersuchungen weisen immer häufiger auf die Probleme von einseitiger Ernährung und ihre Folgen hin.

Leite zu deinem Schluss über:

Wenn man das Für und Wider abwägt, musss man zur Feststellung kommen, dass...

14. Überarbeite deine Erörterung. Verwende dazu die Checkliste.

CHECKLISTE zur Überarbeitung der Erörterung

Die Erörterung inhaltlich überprüfen

- Hast du eine sinnvolle Gliederung angelegt? Ist deine Erörterung durch Absätze überschaubar gestaltet?
- Hast du in der Einleitung das Problem erklärt und mit der Problemfrage zum Hauptteil übergeleitet?
- Hast du nachvollziehbare Argumente sachlich und logisch formuliert?
- Hast du deine Argumente entfaltet? Nennst du Begründungen für deine Behauptungen und stützt du sie durch Belege und Beispiele?
- Hast du die Argumente miteinander verknüpft und Zusammenhänge hergestellt?
- Beziehst du Aussagen aus dem Text und der Grafik mit ein?
- Hast du im Schluss deine persönliche Meinung deutlich dargestellt?
- Ist für die Leser erkennbar und nachvollziehbar, wie und warum du diesen Standpunkt vertrittst?

Die Erörterung sprachlich überprüfen

- Hast du Zusammenhänge durch sinnvolle Satzverknüpfungen verdeutlicht, indem du Satzverknüpfungswörter benutzt?
- Hast du unnötige Wortwiederholungen und gleichförmige Satzanfänge vermieden?
- Fallen dir beim Lesen unklare Formulierungen auf?
- Sind deine Sätze vollständig? Kannst du komplizierte Sätze vereinfachen?
- Hast du Rechtschreibung, Zeichensetzung und Grammatik überprüft?

E Angeleitete Übungen zum Leseverstehen

E 1 Wozu Werbung?

In der Abschlussprüfung wird überprüft, ob du einen Text richtig gelesen und verstanden hast. Dazu musst du richtige Lösungen ankreuzen, Lückentexte ausfüllen, Aussagen aus dem Text erklären, eine Skizze deuten oder zu bestimmten Standpunkten Stellung nehmen.

Voraussetzung für die Bearbeitung der Aufgaben ist, dass du zuerst den Text gründlich erschließt: Unterstreiche dazu unbekannte Begriffe und kläre sie, markiere Schlüsselstellen, finde Überschriften zu Sinnabschnitten usw.

Lies die Aufgabenstellungen ganz genau und vergewissere dich mithilfe der passenden Textstellen, dass deine Antworten zutreffen.

1. Diese Prüfungsvorlage wurde bereits bearbeitet. Überprüfe und korrigiere die Antworten. An manchen Stellen war der Schüler unsicher. Du findest dort Fragezeichen ??. Sie sind ein Hinweis für dich, diese Antworten genau zu überprüfen.

Lies zunächst den Text sorgfältig durch und bearbeite anschließend die Fragen 1 – 13.

Wozu Werbung?

Definition der Werbung

„Wohnst du noch oder lebst du schon?“ (Ikea). Werbung ist der „Versuch der zwangfreien Meinungsbeeinflussung durch besondere Kommunikationsmittel“ (Brockhaus, 1999). Zwar behaupten viele, sich in ihrer Kaufentscheidung nicht von Werbung beeinflussen zu lassen. Wissenschaftliche Untersuchungen belegen allerdings das Gegenteil. Aber wen wundert das? Ob wir ins Kino gehen oder im Internet surfen, ob wir Zeitschriften lesen, den Fernseher einschalten oder einfach durch die Straßen laufen – Werbung begegnet uns auf Schritt und Tritt.

Ziele der Werbung

Doch wozu betreiben Unternehmen überhaupt Werbung? Handelt es sich um schlechte Produkte, die sie anders nicht loswerden? Wohl kaum. Wenn man sich den Werbemarkt genauer ansieht, kann man schnell feststellen, dass es für viele Produkte aus nahezu allen Branchen Werbung gibt. Das vorrangige Ziel für den Unternehmer ist die Erhöhung des Absatzes und damit die Steigerung des Gewinns. Will er sich mit seinem Produkt von der Konkurrenz unterscheiden, dann muss er es ins beste Licht rücken, indem er die Produktqualität oder den Preis – „saubillig“ (Mediamarkt) – als Verkaufsargument hervorhebt.

historische Anfänge der Werbung

So richtig in Schwung gekommen ist die Werbung, wie wir sie heute kennen, erst im 19. Jahrhundert durch die Industrielle Revolution. Mit ihr begann die industrielle Massenproduktion von Gütern, das Angebot wuchs und der Käufer konnte nun immer öfter zwischen mehreren ähnlichen Produkten auswählen. Außerdem war in vielen Bereichen des Marktes eine Sättigung eingetreten […]. Um Produkte über dieses Maß hinaus verkaufen zu können, mussten sich die Unternehmen zur Erschließung neuer Käufergruppen oder zur besseren Kundenbindung etwas einfallen lassen. Neben der Weiterentwicklung der Produkte war Werbung dafür ein geeignetes Mittel.

Grenzen der Werbung durch gesetzliche Vorgaben

Die Werbefachleute erfanden immer neue, oft verrückte Ausdrucksformen. Doch ihrer Kreativität wurden auch gewisse Grenzen gesetzt. So gilt für die Zielgruppe der Kinder und Jugendlichen der Jugendmedienschutz-Staatsvertrag (JMStV), in dem u. a. Folgendes geregelt ist (§ 6, Erläuterungen):

Werbung im Rundfunk und durch Telemedien ist ohne Rücksicht darauf, wofür geworben wird, unzulässig, wenn

a) jugendgefährdende Medien für Werbezwecke verwendet werden [...].

b) sie Kindern oder Jugendlichen körperlichen oder seelischen Schaden zufügt [...].

c) unter Ausnutzung ihrer Unerfahrenheit Kinder oder Jugendliche zum Kauf bewegt werden sollen [...] oder wenn sie aufgefordert werden, andere dazu zu bewegen [...].

f) sie ohne vernünftigen Grund Kinder und Jugendliche in Gefahrensituationen zeigt [...].

Werbung für alkoholische Getränke oder Tabakwaren darf sich im Rundfunk und durch Telemedien nicht an Kinder und Jugendliche richten oder sie besonders ansprechen oder sie beim Trinken oder Rauchen darstellen.

Doch nicht nur der Jugendmedienschutz beschränkt die grenzenlose Werbung. Es gibt z. B. auch klare Beschränkungen für sogenannte Lockvogelangebote. Damit ist der Versuch eines Unternehmens gemeint, potenzielle Käufer mit preisgünstigen Angeboten ins Geschäft zu locken, die dort gar nicht oder nur in geringer Menge vorrätig sind. ??

Auch vergleichende Werbung ist nur unter bestimmten Auflagen möglich. Bei dieser Werbeart vergleicht ein Unternehmen sein Produkt mit dem des Konkurrenten. Dabei wird das eigene Angebot als das beste, leistungsfähigste und preiswerteste dargestellt und von der Konkurrenz genau das Gegenteil behauptet [...]. Allerdings haben Wissenschaftler der Freien Universität Berlin 2004 am Beispiel von Lakritz-Süßigkeiten herausgefunden, dass die „freiwillige Nennung negativer Eigenschaften“ durchaus auch zu einer „höheren Glaubwürdigkeit des Unternehmens“ führen kann. Gesetzlich verboten ist es, den Konkurrenten herabzusetzen oder zu verunglimpfen. Außerdem dürfen nur überprüfbare, also wahre Aussagen gemacht werden. ??

neu: Online-Werbung

Heute entfallen auf Online-Werbung weltweit knapp 10 % der gesamten Werbeausgaben. Und Werbeexperten erwarten für die nächsten Jahre einen starken Anstieg, der hauptsächlich auf das Marketing der Suchmaschinenanbieter zurückgeht. [...]

TIPP zu 1 bis 5

1. Lies jede Aufgabe und überlege genau, wie sie gemeint ist.
2. Suche im Text die passenden Stellen und vergleiche beide Aussagen.
3. Hilfreich ist es, wenn du vor der Bearbeitung der Aufgaben den Text sorgfältig erschlossen hast; d. h. unbekannte Begriffe sind geklärt, Schlüsselstellen markiert, Sinnabschnitte gebildet und Zwischenüberschriften formuliert.

Aufgaben 1 – 13

1 Kreuze die richtige Antwort an. Laut Text ist Werbung …

a)	die Beeinflussung durch Werbeträger zur Steigerung des Gewinns durch jedes Mittel.	
b)	der Versuch der zwangfreien Meinungsbeeinflussung durch besondere Kommunikationsmittel.	X
c)	die Erschließung neuer Käufergruppen, bei der der Kreativität heute nahezu keine Grenzen mehr gesetzt sind.	

2 Im Text heißt es in den Zeilen 44 f.: *„Außerdem war in vielen Bereichen des Marktes eine **Sättigung** eingetreten."* Erkläre diese Aussage mit eigenen Worten.

Damit will der Autor ausdrücken, dass die Menschen schon über die Produkte verfügten, die sie für ihre Existenz brauchten. Deshalb wurden manche Produkte nicht mehr so häufig gekauft.

3 In Zeile 95 wird von ***potenziellen Käufern*** gesprochen. Erkläre, was damit gemeint ist.

Potenzielle Käufer sind die zukünftigen Kunden, d.h. die Käufer, die dieses Produkt wahrscheinlich kaufen würden. ??

4 Der Text lässt sich in sechs Sinnabschnitte einteilen.
Notiere zu jedem Abschnitt die Zeilenzahlen und ergänze jeweils eine Zwischenüberschrift.

Abschnitt	Zeilenangaben	Überschrift
1	Z. 1–16	Einleitung: Definition von Werbung / jeder wird beeinflusst / Werbeträger sind überall
2	Z. 17–54	Ziele der Werbung
3	Z. 55–88	Grenzen der Werbung für Kinder und Jugendliche: Jugendmedienschutz-Staatsvertrag
4	Z. 89–98	??
5	Z. 99–119	??
6	Z. 120–126	Bedeutung der Online-Werbung

5 Im Text werden verschiedene Werbeträger genannt.
Schreibe diese in die leeren Kreise des Clusters und ergänze drei weitere.

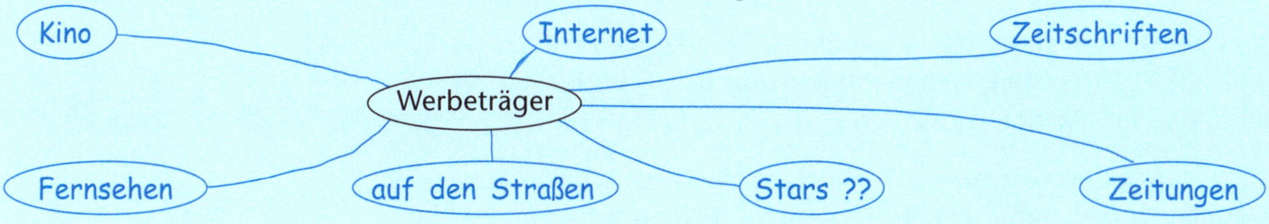

TIPP zu 6 bis 8

1. Suche im Text die passenden Stellen und lies sie noch einmal genau.
2. Wenn du eine eigene Entscheidung begründen sollst, denke daran, deine Meinung am Text zu belegen. Du musst also Zeilenangaben in Klammern ergänzen.

6 Welche der folgenden Aussagen beschreibt das Thema des Textes am besten? Kreuze an. Begründe deine Wahl, indem du einen Bezug zum Text herstellst.

a)	Der Text „Wozu Werbung?“ gibt einen Überblick über die Bedeutung und die Grenzen der Werbung.	✗
b)	Der Text „Wozu Werbung?“ stellt dar, wie sich Werbung im Lauf des Jahrhunderts entwickelt hat.	
c)	Der Text „Wozu Werbung?“ klärt darüber auf, in welchen Bereichen des Lebens den Menschen Werbung begegnet.	

Begründung:

Meiner Ansicht nach passt die Aussage a) am besten zum Text, da dieser zuerst beschreibt, wie Werbung definiert wird (Z. 1–16) und wozu Werbung eigentlich gut ist (Z. 17–54). Damit wird die Bedeutung der Werbung deutlich. Im weiteren Verlauf des Textes werden die Grenzen der Werbung beschrieben, denn es wird dargestellt, welche Beschränkungen es bei der Werbung für die Zielgruppe der Kinder und Jugendlichen gibt (Z. 55–88) und welche Werbung auch nur eingeschränkt möglich ist, nämlich „Lockvogelangebote“ und „vergleichende Werbung“ (Z. 89–119). Der letzte Abschnitt passt allerdings besser zur Aussage c).

7 Kreuze an, welche der folgenden Aussagen laut Text zutreffen und welche nicht.

		trifft zu	trifft nicht zu
a)	Wissenschaftliche Untersuchungen haben bewiesen, dass Menschen sich in ihrer Kaufentscheidung beeinflussen lassen.	✗	○
b)	Werbung begegnet uns in unterschiedlichen Formen überall.	○	✗ ??
c)	Bereits im 18. Jahrhundert gab es Werbung, da durch die Industrielle Revolution die Massenproduktion von Gütern begann.	○	✗
d)	Werbefachleute müssen besonders kreativ sein und verrückte Ausdrucksformen erfinden. Ihrer Kreativität sind dabei keine Grenzen gesetzt.	○	✗
e)	Die sogenannten „Lockvogelangebote“ dürfen Kunden nicht in die Geschäfte locken, wenn Produkte dort gar nicht oder nur in geringer Menge vorhanden sind.	✗	○
f)	Ein Produkt erhält eine höhere Glaubwürdigkeit, wenn der Hersteller in der Werbung freiwillig negative Eigenschaften nennt.	○	✗

8 Liste auf, welche Ziele der Werbung im Text angegeben werden, und gib die passenden Textbelege dazu an.

- Erhöhung des Gewinns und damit die Steigerung des Absatzes (Z. 26–28)
- Erschließung neuer Käufergruppen (Z. 49)
- bessere Kundenbindung (Z. 50)

9 Im vierten Sinnabschnitt werden die Versuche eines Unternehmens, Käufer durch besonders günstige Angebote ins Geschäft zu locken, als „**Lockvogelangebote**" (Z. 92–93) bezeichnet. Kreuze an, um welches rhetorische Mittel es sich hier handelt.

a) Personifikation ○
b) Neologismus ○
c) rhetorische Frage ○
d) Vergleich ☒ ??

10 In Z. 64 ff. heißt es zum Jugendmedienschutz-Staatsvertrag: *„Werbung im Rundfunk und durch Telemedien ist ohne Rücksicht darauf, wofür geworben wird, unzulässig, wenn a) jugendgefährdende Medien für Werbezwecke verwendet werden […]."*

In welchem Verhältnis steht der folgende, durch „wenn" eingeleitete Nebensatz (Gliedsatz) zur Hauptaussage? Kreuze die richtige Antwort an.

Der Nebensatz (Gliedsatz) …

a)	gibt eine Begründung für die vorangestellte Hauptaussage.	
b)	gibt die Bedingung für die vorangestellte Hauptaussage an.	X
c)	gibt die Folge der Hauptaussage an.	
d)	gibt die Wirkung der Hauptaussage an.	

TIPP zu 9 und 10

1. In der Prüfung werden dir auch Aufgaben zur Sprache des Textes gestellt, z. B. zu Formen des Verbs, zu Satzgliedern, zu rhetorischen Figuren usw. Auch darauf solltest du dich zu Hause vorbereiten.
2. Wenn du unsicher bist, schlage im Glossar dieses Heftes nach (ab S. 122). Das Glossar kannst du ebenfalls zum Lernen nutzen.

TIPP zu 11 bis 13

1. Auch bei den folgenden Aufgaben musst du dir noch einmal die betreffenden Textstellen durchlesen und dazu ggf. neue Markierungen und Randbemerkungen aufschreiben. Diese können zur Formulierung hilfreich sein und gleichzeitig als Vorschrift dienen.
2. Achte darauf, nicht einfach Ausdrücke aus dem Text zu übernehmen, sondern dich in eigenen Worten auszudrücken.

11 Im Text werden gesetzliche Regelungen für Werbung aus dem Jugendmedienschutz-Staatsvertrag zitiert. Wähle eine der Erläuterungen a), b), c) oder f) aus und erkläre mit eigenen Worten, was dort festgeschrieben wird. Veranschauliche dies jeweils mit einem Beispiel.

zu a) In der Werbung für die Zielgruppe der Kinder und Jugendlichen dürfen keine jugendgefährdenden Medien eingesetzt werden. Das könnten zum Beispiel pornographische Filmausschnitte sein oder Computerspiele, die erst ab 18 Jahren geeignet sind.

12 Bewerte, was der Autor mit diesem Text hauptsächlich erreichen will. Kreuze dazu die zutreffende Aussage an.

Der Autor möchte …

a)	die Menschen vor der Wirkung von Werbung warnen und stellt deswegen die Gefahren von Werbung in den Medien dar.	
b)	seine Meinung zum Thema Werbung verdeutlichen. Aus diesem Grund nennt er Argumente und belegt diese durch anschauliche Beispiele.	
c)	mit seinem Text einen kurzen Überblick über die Entwicklung der Werbung geben sowie über ihre Bedeutung und ihre Grenzen informieren.	X

13 Im Text wird angegeben, dass vergleichende Werbung nur unter bestimmten Auflagen möglich sei. Lies den folgenden Werbetext.

„Kaufen Sie unseren Müsliriegel, denn er enthält dreimal mehr Ballaststoffe und Vitamine als der Riegel der Firma xy! Wer will schon minderwertige Ware? Dann können Sie auch gleich einen herkömmlichen Schokoriegel essen.“

Kreuze an, ob diese Art der Werbung zulässig wäre und begründe deine Entscheidung mit Bezug auf den Text „Wozu Werbung?“

zulässig ○ unzulässig ☒

Begründung:

Meiner Ansicht nach ist diese Art der Werbung unzulässig, da durch diese Aussagen das Produkt der Firma xy als minderwertig herabgesetzt (Z. 116–117) wird. Durch den Vergleich mit dem Ausdruck „minderwertige Ware“ wird der Schokoriegel gleichzeitig verunglimpft (Z. 117). Anders wäre es, wenn man die Inhaltsstoffe (Ballaststoffe und Vitamine) in genauen Angaben gegenübergestellt hätte. Dann hätte der Kunde sich zwischen den Produkten selbst entscheiden können, denn es handelt sich um überprüfbare Angaben (Z. 118–119).

E 2 Deutschland sucht den Superstar

Lies zunächst den Text sorgfältig durch und beantworte anschließend die Fragen ❶ – ❽.

Das Erfolgskonzept von „Deutschland sucht den Superstar“

Hinter der Talentshow „Deutschland sucht den Superstar“ steckt ein bewährtes Konzept: Die Zuschauer entscheiden sich aus zehn mehr oder weniger begabten Gesangskünstlern für den besten – den Superstar. Einen auf solche Weise geebneten Weg ins Musikgeschäft wollen viele junge Leute wagen und so strömen Deutschlands unentdeckte Talente zu Tausenden zu den Castings. Die zweite Staffel der DSDS-Show bricht dementsprechend alle Rekorde: Knapp 200 000 junge Leute haben sich mit einem Castingbogen für den Musikwettbewerb angemeldet, davon wurden rund 20 000 zum Vorsingen in Hamburg, Leipzig, Berlin, Köln, München und Frankfurt am Main ausgewählt. Am Ende des Castings bleiben zehn Kandidaten übrig, die ihr Können zur Hauptsendezeit unter Beweis stellen müssen.

Rund 13 Millionen Zuschauer verfolgten die erste Staffel der Casting-Show. Zur besten Sendezeit so viele Zuschauer regelmäßig vor die Mattscheibe zu bekommen, schafft sonst nur Thomas Gottschalk mit „Wetten, dass ...?“ Mit dem gebührenpflichtigen Telefon-Ted zu je 49 Cent pro Anruf wurden die Produktionskosten der Show zu 100 Prozent gedeckt – der Computer zählte über zwei Millionen Anrufer! Die Marktanteile beliefen sich dabei auf fast 50 Prozent bei den 14- bis 49-jährigen Zuschauern.

Sämtliche Vermarktungsrechte an der DSDS-Show liegen bei der Bertelsmann Mediengruppe in Gütersloh, der 90 Prozent der RTL Group gehört. An einer ausgestrahlten Superstarausgabe soll Bertelsmann satte 20 Millionen Euro verdienen. Wie kommt eine solche Summe zustande? Neben den Telefoneinnahmen bringen auch die Werbeeinnahmen viel Geld: Der Kölner Privatsender kassiert für 30 Sekunden Sendezeit Werbepreise von knapp 80 000 Euro. Dazu kommen Einnahmen durch die DSDS-Songs, das Fan-Magazin der Show, die von den Kandidaten aufgenommenen CDs, die Internetseiten etc.

Das Konzept zu DSDS kaufte Bertelsmann dem englischen Musikproduzenten Simon Fuller ab.

Der 42-Jährige produzierte unter anderem die Spice Girls und Madonna. Er selbst macht sich in der Öffentlichkeit rar und gibt kaum Interviews. An der ursprünglichen Lizenzierung von „Pop Idols“, wie DSDS im Original heißt, soll er 50 Millionen Euro verdienen (pro Sendung etwa 150 000 Euro). Darunter fallen aber nicht die Beträge für Senderlizenzen in anderen Ländern, auch die Umsatzanteile in der Musikbranche sind in die 50 Millionen noch nicht eingerechnet. Der Hauptverdiener an DSDS ist also Simon Fuller, der die Urheberrechte an „Pop Idols“ in vielen Ländern vermarktet. Stattliche Gewinne verbucht auch die Plattenfirma BMG, eine 100-prozentige Bertelsmann-Tochter. Dort erschienen alle Singles der deutschen DSDS-Finalisten, unter anderem die erfolgreichste Single der ersten Staffel „We have a dream“, die sich knapp eine Million Mal verkaufte. Auch das nachgeschobene Album war ein Kassenschlager.

Neben Bertelsmann und Fuller verdient auch Dieter Bohlen gut an den Superstars. Der äußerst erfolgreiche Kaufmann (sein Vermögen beläuft sich auf rund 130 Millionen Euro) bekommt für seine Begriffe nur wenig vom Superstar-Kuchen ab, verdient er doch als Songschreiber „nur“ 90 Cent, wann immer „We have a dream“ gespielt wird.

Am schlechtesten stehen die Kandidaten von DSDS da. Sie sollen angeblich pro Sendung nur 150 Euro bekommen. Die „Bild-Zeitung“ sprach von einem gnadenlosen Knebelvertrag. Andererseits können die Finalisten durch ihre Auftritte für sich und ihren Song Werbung machen, ohne dafür zur Kasse gebeten zu werden. Würde z. B. Daniel Küblböck drei Minuten Werbung in eigener Sache machen, kostete ihn das etwa 300 000 Euro – als Teilnehmer bei DSDS kann er hingegen umsonst Marketing für sich selbst herausholen. Zudem erhalten die Kandidaten einen Anteil an den CD-Verkäufen ihrer Songs und eventueller Werbeeinnahmen – hier verdienen sie viel mehr, als das Honorar für ihre Femsehauftritte ausmacht. Aber der richtig große Verdienst kommt erst mit einem eigenen Song, hierfür werden die Konditionen neu ausgehandelt.

Lösungshilfen zu Aufgabe ❶ – ❽

1. Stürze dich nicht gleich in die Aufgaben! Erschließe zuerst den Text:
   - Unterstreiche wichtige Schlüsselstellen.
   - Formuliere am Rand Überschriften oder Stichwörter zu den Sinnabschnitten.

   Du findest dann zu den Aufgaben schnell die Textstellen.

Aufgaben ❶–❽

TIPP zu ❶ bis ❽

Suche zu jeder Aussage die passende Stelle im Text und unterstreiche sie. Überprüfe genau, ob die Textstelle mit der Aussage unten übereinstimmt bzw. worin sie sich unterscheidet (Wortwahl, Fragestellung, Schlüsselwörter).

❶ Welche der folgenden Aussagen ist richtig?
Beziehe dich dabei auf den Text. Kreuze die richtige Antwort an.

	trifft zu	trifft nicht zu
a) Für die Casting-Show DSDS wurden 200 000 Kandidaten zum Vorsingen eingeladen.	○	○
b) Die Sendung kann allein durch die Telefonanrufe der Zuschauer produziert werden.	○	○
c) Produziert wird DSDS von Simon Fuller, der auch das Original „Pop Idols“ konzipiert hat.	○	○
d) Ein Vorteil für die DSDS-Kandidaten liegt darin, dass sie während ihrer Auftritte für sich Werbung in eigener Sache machen können, ohne dafür bezahlen zu müssen.	○	○
e) Die Kandidaten verdienen im Endeffekt mehr an der Vermarktung ihrer Produkte als an ihren Fernsehauftritten.	○	○

2 Formuliere die folgenden Textaussagen mit eigenen Worten. Ersetze den markierten Ausdruck durch einen entsprechend anderen oder formuliere einen erklärenden Satz.

a) „Er selbst **macht sich** in der Öffentlichkeit **rar** …". (Zeile 31)

____

____

b) „Auch das nachgeschobene Album war ein **Kassenschlager**". (Zeile 41 / 42)

____

____

c) „Die ‚Bild-Zeitung' sprach von einem gnadenlosen **Knebelvertrag**". (Zeile 49 / 50)

____

____

TIPP zu 2

Schlage im Wörterbuch nach oder erschließe die Bedeutung aus dem Textzusammenhang.

3 Im Text (Zeile 52 – 54) heißt es: „**Würde** z. B. Daniel Küblböck drei Minuten Werbung in eigener Sache machen, **kostete** ihn das etwa 300 000 Euro – als Teilnehmer bei DSDS kann er hingegen umsonst Marketing für sich selbst herausholen."
Untersuche die Aussageweise der markierten Verben (Modus).
Welcher Modus wird verwendet? Kreuze an.

a) Indikativ (Wirklichkeitsform) ○
b) Konjunktiv (Möglichkeitsform) ○
c) Imperativ (Befehlsform) ○

TIPP zu 3 und 4

Überlege, was die Formulierung bewirkt und welche Absicht sie ausdrückt.

4 Kreuze die richtige Antwort an.
Die Formulierung aus Aufgabe 3 macht deutlich,

a) dass Daniel Küblböck bei jedem Auftritt drei Minuten lang für sich wirbt. ○
b) dass diese Aussage besonders wichtig für die Kandidaten ist. ○
c) dass es sein könnte, dass der Sänger kostenlos innerhalb der Sendung DSDS für sich wirbt. ○
d) dass diese Aussage nur für Daniel Küblböck gilt. ○

5 In Zeile 13 / 14 heißt es: *„Zur besten Sendezeit so viele Zuschauer regelmäßig vor die Mattscheibe zu bekommen, schafft sonst nur Thomas Gottschalk mit ‚Wetten dass …?'"*

Ergänze im folgenden Satz ein passendes Wort, das den Sinn der Aussage nicht verändert:

Zur besten Sendezeit so viele Zuschauer regelmäßig vor die Mattscheibe zu bekommen, ist sonst nur Thomas Gottschalk mit „Wetten dass …?" ______________________.

6 Kreuze die richtige Antwort an.
Der Satz *„Hinter der Talentshow ‚Deutschland sucht den Superstar' steckt ein bewährtes Konzept"* (Zeile 1 / 2) bedeutet laut Text:

a) Alle Teilnehmer sind besonders gute Sänger. ○
b) Die Show ist ein besonders gutes Beispiel für den guten Geschmack der Zuschauer. ○
c) Die Show beruht auf einer erfolgreichen und durchdachten Sendestrukur. ○
d) Die Show ist ein besonders guter Casting-Wettbewerb. ○

7 In Zeile 22 wird folgende Frage gestellt: *„Wie kommt eine solche Summe zustande?"*
Welche Absicht hat diese Fragestellung? Kreuze an.

a) Es handelt sich um eine rhetorische Frage, auf die vom Leser keine Antwort erwartet wird. ○
b) Es handelt sich um eine rhetorische Frage, auf die der Leser antworten soll. ○
c) Die Frage bleibt unbeantwortet. ○
d) Es handelt sich um eine Suggestivfrage, auf die nur mit Ja oder Nein geantwortet werden kann. ○

8 Im Text wird gesagt, dass es sich bei der Sendung DSDS um ein Erfolgskonzept handelt, besonders für die Bertelsmann Mediengruppe.
Wie lautet deine Meinung zu dieser Aussage? Kreuze an.

○ Ich stimme dieser Aussage zu.
○ Ich stimme dieser Aussage nicht zu.

Begründe deine Meinung, indem du dich auf passende Aussagen im Text beziehst.

Begründung:

____

____

____

____

____

TIPP zu 8

1. Überfliege den Text und suche nach Schlagworten der getroffenen Aussage (z. B. Erfolgskonzept ...).
2. Unterstreiche die Textaussagen, die du zu dem Schlagwort findest.
3. Vergleiche deine Unterstreichungen mit der Textaussage und entscheide, ob sie passen.

Auswertung

1. Wie viel Zeit hast du zur Bearbeitung der Aufgaben benötigt? ______________ Minuten

2. Welche Aufgabenart ist dir leicht- oder schwergefallen?

	leicht	mittel	schwer
• Aussagen mit Text vergleichen 1 – 6	○	○	○
• Sprachliche Besonderheiten herausfinden 4, 7	○	○	○
• Fragen zur Grammatik beantworten 3	○	○	○
• Begriffe aus dem Textzusammenhang erklären 2, 5	○	○	○
• Zu Aussagen über den Text Stellung nehmen 8	○	○	○

3. Überprüfe deine Antworten mit dem Lösungsheft.

E 3 Stadionverbot auf Verdacht

Lies den Text zunächst sorgfältig durch und bearbeite anschließend die Aufgaben 1 – 11.

Stadionverbot auf Verdacht

(dpa) Fußballfans dürfen auch dann für ein Fußballstadion gesperrt werden, wenn keine Beweise für eine Straftat gegen sie vorliegen. Dies entschied der Bundesgerichtshof. Demnach reicht es bereits aus, dass der Fan nur ein Teil einer randalierenden[1] Gruppe war.

(1) KARLSRUHE – Der Bundesgerichtshof (BGH) hat Stadionverbote auf Verdacht für zulässig erklärt. Mitglieder randalierender Fangruppen können auch dann bundesweit für alle Fußballstadien gesperrt werden, wenn ihre konkrete Beteiligung an Gewalttätigkeiten nicht nachgewiesen ist. Nach einem Urteil (...) genügt es bereits, dass der Fan Teil einer Gruppe war, die durch Randale aufgefallen ist. „Auf den Nachweis, er habe sich an den aus der Gruppe begangenen Gewalttätigkeiten beteiligt, kommt es nicht an“, entschied der BGH.

(2) Damit wies das Gericht die Klage eines Fans und Dauerkarteninhabers des FC Bayern München ab, der nach einem Spiel beim MSV Duisburg im März 2006 mit einer Gruppe des Fanclubs „Schickeria München“ in eine Randale mit Duisburger Fans geraten und vorübergehend in Gewahrsam[2] genommen war. Er bestritt jede Beteiligung, die anfänglichen Ermittlungen der Staatsanwaltschaft wegen Landfriedensbruchs[3] wurden schließlich wegen Geringfügigkeit[4] eingestellt. Trotzdem erhielt er ein bundesweites Stadionverbot für gut zwei Jahre. Nach den Worten des BGH ist ein solches – in den Richtlinien des Deutschen Fußball Bundes (DFB) vorgesehenes – Verbot durch das „Hausrecht“[5] der Vereine gedeckt. Danach reichen für ein Stadionverbot bereits „objektive Tatsachen“, die künftige Störungen befürchten lassen – normalerweise also frühere einschlägige Vorfälle. Zwar seien im konkreten Fall die Ermittlungen eingestellt worden, allerdings sei der Kläger „nicht zufällig“ in die randalierende Gruppe geraten, sondern habe ihr angehört. „Die Zugehörigkeit zu dieser Gruppe, mit der der Kläger in Gewahrsam genommen wurde, rechtfertigt die Annahme, dass er sich bei Fußballveranstaltungen in einem zu Gewalttätigkeiten neigenden Umfeld bewegt“, befand der BGH.

(3) Die Gewerkschaft der Polizei (GdP) sprach von einem guten Tag für den Fußball: „Das Urteil gibt uns die Chance, die bundesweit 4000 gewaltbereiten Fußballfans der Kategorie C, die nur an Randale, nicht aber am Fußball interessiert sind, von den wirklichen Fans zu trennen“, sagte der nordrhein-westfälische GdP-Vorsitzende Frank Richter.

Der DFB sieht sich durch das Urteil in seiner Linie bestätigt, friedliche Fans durch Stadionverbote vor gewaltbereiten Zuschauern zu schützen. „Stadionverbote stellen für den DFB und seine Vereine eine wichtige Präventiv-Maßnahme dar, um die Sicherheit in den Stadien zu gewährleisten“, sagte der Sicherheitsbeauftragte Helmut Spahn. Nach den Worten des BGH-Senatsvorsitzenden Wolfgang Krüger dürfen die Hürden für Stadionverbote nicht zu hoch gehängt werden, weil auch die anderen Zuschauer vor Randale geschützt werden müssen. Die Vereine hätten hier eine „Schutzpflicht“. Denn Fußballspiele seien häufig Anlass für Ausschreitungen. Wegen der großen Zahl von Besuchern und der häufig emotional aufgeheizten Stimmung zwischen rivalisierenden[6] Gruppen sei es „sachgerecht“, dass die Vereine bereits im Vorfeld potenziellen[7] Störern den Zutritt zum Stadion versagen wollten. Ein willkürlicher Ausschluss sei aber rechtswidrig.

(4) Nach den Richtlinien des Deutschen Fußball Bundes (DFB) „sollen“ Stadionverbote bei polizeilichen Ermittlungen wegen Gewalttaten verhängt werden. Werden die Ermittlungen später mangels Tatverdachts eingestellt, muss das Verbot aufgehoben werden. Bei einer Einstellung „wegen Geringfügigkeit“ heißt es dagegen in Paragraf 6 nur, das Verbot „soll“ noch einmal überprüft werden. In der Bundesliga gelten derzeit laut DFB zwischen 2900 und 3000 bundesweite Stadionverbote.

dpa, in: Kölner Stadt-Anzeiger, www.ksta.de/jks/artikel.jsp?id=1256136956824.shtml (Stand: 21.11.2009)

1 randalieren/die Randale: Krach machen, Krawall machen

2 in Gewahrsam nehmen: festnehmen, verhaften

3 Landfriedensbruch: Teilnahme an Gewalttätigkeiten gegen Menschen oder Gegenstände

4 Geringfügigkeit: Unbedeutsam, Belanglosigkeit, Nebensächlichkeit

5 Hausrecht: Der Besitzer eines Gebäudes kann Besucher entfernen lassen

6 rivalisieren: um etwas kämpfen, wetteifern

7 potenziell: mögliche, vorstellbar

1 Welche der Aussagen ist richtig? Beziehe dich auf den Text und kreuze die richtige Antwort an.

a)	Fußfallfans erhalten nur Stadionverbot, wenn gegen sie genügend Beweise vorliegen.	
b)	Nur Anhänger des FC Bayern München erhalten ein Stadionverbot auf Verdacht.	
c)	Alle Fußballfans müssen damit rechnen, dass sie ein Hausverbot eines Fußballvereins erhalten, wenn sie Teil einer gewalttätigen Gruppe waren und keine Beweise gegen sie persönlich vorliegen.	
d)	Nur die Fußballfans, die verhaftet wurden, erhalten ein Stadionverbot auf Verdacht.	
e)	Alle Stadionbesucher, die in friedlichen Gruppen kommen, können mit einem Stadionverbot rechnen.	
f)	Nur der MSV Duisburg kann ein Stadionverbot auf Verdacht gegen mögliche randalierende Fans aussprechen.	

2 Im Text heißt es in den Zeilen 21 – 24: *„Auf den Nachweis, er* ***habe*** *sich an den aus der Gruppe begangenen Gewalttätigkeiten beteiligt, kommt es nicht an.“* Bestimme in diesem Satz die Aussageweise (Modus) des markierten Verbs. Welcher Modus wird verwendet? Kreuze die richtige Antwort an.

a) Indikativ (Wirklichkeitsform)
b) Konjunktiv (indirekte Rede)
c) Imperativ (Befehlsform)

3 Erkläre die Aussage des Satzes aus Aufgabe **2** in eigenen Worten.

___

4 Um welche Textsorte handelt es sich hier? Kreuze die richtige Aussage an.

a) Der Text „Stadionverbot auf Verdacht" ist eine Reportage.

b) Bei dem Text „Stadionverbot auf Verdacht" handelt es sich um eine Erzählung.

c) Der Text „Stadionverbot auf Verdacht" ist ein Bericht.

d) Bei dem Text „Stadionverbot auf Verdacht" handelt es sich um ein Interview.

5 Vier der folgenden Überschriften passen zu den vier Abschnitten des Textes. **Eine Überschrift passt nicht zum Text.**
Ordne die Überschriften den entsprechenden Abschnitten (1) bis (4) zu. Schreibe bei der nicht passenden Überschrift eine „0" in die rechte Spalte.

	Überschrift	**passt zu Abschnitt**
a)	Stimmen zum Urteil des Bundesgerichtshofes (BGH)	
b)	Stadionverbot auf Verdacht ist rechtens	
c)	Fußballfans reichen Klage gegen Urteil ein	
d)	Umgang des DFB mit dem Urteil	
e)	Dem Urteil zugrunde liegender Fall	

6 Formuliere die folgenden Textaussagen mit eigenen Worten.
Ersetze die markierten Ausdrücke durch entsprechend andere oder formuliere einen erklärenden Satz.

a) „Der DFB sieht sich durch das Urteil in **seiner Linie** bestätigt ..." (Z. 73–74)

___

___

b) „Stadionverbote stellen für den DFB und seine Vereine eine wichtige **Präventiv-Maßnahme** dar ...". (Z. 77–79)

___

___

c) „... dürfen die **Hürden** für Stadionverbote nicht zu **hoch gehängt** werden ...". (Z. 84–86)

___

___

7 In Zeile 88/89 heißt es: *„Die Vereine hätten hier eine ‚Schutzpflicht'".*
Gib mit eigenen Worten wieder, was mit dieser „Schutzpflicht" gemeint ist. Beziehe dich auf den Text.

___

___

___

8 In Zeile 1 – 9 wird folgende Aussage gemacht:
„Fußballfans dürfen auch dann für ein Fußballstadion gesperrt werden, wenn keine Beweise gegen sie vorliegen. (...) Demnach reicht es aus, dass der Fan nur ein Teil einer randalierenden Gruppe war.“

In welchem Verhältnis stehen die beiden Sätze zueinander?
Kreuze die richtige Antwort an.

Der zweite Satz ...

a)	gibt eine Begründung für die vorangegangene Aussage.	
b)	gibt die Bedingung an für die vorangegangene Aussage.	
c)	wirft eine Frage zur vorangegangenen Aussage auf.	
d)	geht auf die Wirkung der Hauptaussage ein.	

9 Der GdP-Vorsitzende Frank Richter unterscheidet zwei Arten von Fußballfans. Erkläre, um welche Arten es sich handelt.

a) Fußballfans, die ______________________________

____

b) Fußballfans, die ______________________________

____

10 Welche Absicht verfolgt der Verfasser des Textes? Kreuze die richtige Antwort an.
a) Der Autor möchte mit dem Text „Stadionverbot auf Verdacht“ über das aktuelle Urteil informieren.
b) Er will davor warnen, in Fußballstadien zu gehen.
c) Er will dazu aufrufen, gegen dieses Urteil zu klagen.
d) Der Autor will Fachbegriffe aus dem Bereich der Justiz erklären.

11 Eine Schülerin hat sich zu dem Urteil folgendermaßen geäußert:
„Ich finde es absolut richtig, dass auch diejenigen Stadionverbot erhalten, die mit Randalierern zusammen im Stadion auffallen, auch wenn ihnen selber nichts nachzuweisen ist.“

Wie lautet deine Meinung zu dieser Aussage? Kreuze an.

Ich stimme dieser Aussage zu. ○

Ich stimme dieser Aussage nicht zu. ○

Begründe deine Meinung, indem du dich auf passende Aussagen im Text beziehst.
Begründung:

____

____

____

____

F 1 Prüfungsaufgaben 2009

Auf den folgenden Seiten findest du die schriftliche Prüfungsarbeit zum Mittleren Schulabschluss, die den Schülerinnen und Schülern am 20. Mai 2009 gestellt wurde. Sie hatten insgesamt 180 Minuten Zeit, um die Aufgaben zu lösen. Sie konnten maximal 140 Punkte erreichen. Am rechten Rand ist notiert, wie viele Punkte maximal für die richtige Lösung der Aufgabe vergeben werden. Damit du unter Prüfungsbedingungen arbeiten kannst, werden dir keine Tipps zur Lösung der Aufgaben gegeben.
Folgende Hinweise, wie die Aufgaben zu bearbeiten sind, wurden den Schülerinnen und Schülern gegeben:

a) Es gibt verschiedene Aufgabentypen.
- Bei Multiple-Choice-Aufgaben kreuze die zutreffende Lösung an.
- Bei Tabellen mit Richtig-Falsch-Abfrage überprüfe jede einzelne Aussage. Entscheide dann, ob sie richtig oder falsch ist, und kreuze an.
- Fragen beantwortest du im ganzen Satz oder im verständlichen Stichpunkt.
- Die Schreibaufgabe besteht aus drei Teilen.
  - Zuerst überarbeitest du einen Schülertext mithilfe der Aufgaben.
  - Im Anschluss daran verfasst du einen Schreibplan.
  - Zuletzt schreibst du einen formalen Brief.

b) Gehe möglichst so vor:
- Du musst alle Aufgaben bearbeiten. Es ist sinnvoll, die Texte der vorgegebenen Reihenfolge nach zu bearbeiten, Markierungen sind dabei hilfreich.
- Du solltest zuerst den jeweiligen Text lesen und anschließend die Aufgaben dazu bearbeiten.

c) Beachte bitte:
- Du kannst für deine Arbeit ein Wörterbuch benutzen.
- Du hast 180 Minuten Zeit.

1 Hemd mit Aussage

Es war Leibchen. Es wurde Statement. Man kann es exklusiv haben oder von der Stange. Das T-Shirt berichtet von unserem Lebensgefühl.

Von Karin Ceballos Betancur

Wäre ein Kleidungsstück ein Gefühl, dann müsste das T-Shirt ein alter Freund sein, bei dem man morgens um vier auf der Matte stehen und sich in seine ausgebreiteten Arme werfen kann. [...]

Keine Epoche hat diese Qualitäten des T-Shirts besser zum Ausdruck gebracht als die 80er Jahre, als die Hemden so weit sein mussten, dass man sie bequem über die angewinkelten Knie bis zu den Zehen herunterziehen konnte, dabei eine Embryonalstellung einnehmend, die bei entsprechender Bewegung dazu führte, dass das T-Shirt immer weiter und schlabberiger wurde. Das Hemd, der Form nach einem T nachempfunden, war damals unser bester Freund. Wir nannten es Tie-Schört. Dabei ist es bis heute geblieben, auch wenn wir uns nicht mehr ganz so oft sehen wie früher. [...]

Das Jahrhundert des T-Shirts ist das zwanzigste, wenn seine Geschichte auch weiter zurückreicht. Bereits im ausgehenden 19. Jahrhundert begannen Matrosen jenseits des Atlantiks unter ihren Blusen Baumwollhemden zu tragen, mit viereckigem Ausschnitt und goldenen Knöpfen, was auf die Dauer vermutlich unbequem wurde.

Auch in England verordnete die Royal Navy ihren Matrosen ärmellose Unterwäsche aus Wolle unter den blauen Uniformen zu tragen. Später wurden Ärmel angesetzt, um Körperbehaarung und Tätowierungen zu verhüllen. Im Jahr 1913 übernahm die amerikanische Marine offiziell das klassische Modell mit kurzen Ärmeln und Rundhalsausschnitt. Weil sich Wolle bei Kampfeinsätzen unpraktischerweise als schweißtreibend erwies, stieg man nach dem Ersten Weltkrieg auf Baumwolle um.

[...] Die technischen Voraussetzungen für den Siegeszug des Leibchens hatte der Engländer William Cotton in den 1860er Jahren geschaffen, als er eine Wirkmaschine entwickelte, die das massenhafte Rundwirken möglich machte, was den gewebten Stoff langsam vom Markt drängte. Während in Europa zu Beginn des 20. Jahrhunderts Baden und wöchentliches Wäschewechseln zur Gewohnheit wurden, machte die Cottonmaschine selbst Arbeitern möglich, dem neuen Hygienebewusstsein durch den Erwerb kostengünstiger Unterwäsche Rechnung zu tragen. [...]

Amerikanische Sportteams waren die ersten, die T-Shirts mit Schablonen beschrifteten, Nummern und Namen der Spieler aufbrachten, was unter Anhängern und Fans schnell zum Erkennungszeichen wurde. In Frankreich nahm die Designerin Coco Chanel den neuen Stoff für ihre T-Shirts in ihre Kollektion auf, eine erste Verabredung zwischen proletarischem Kleidungsstück und der Welt der Haute Couture[1]. [...] Zum ultimativen Durchbruch verhalf ihm ein weiteres Mal das Militär. Während des Zweiten Weltkriegs entwickelte die US-Navy ein Ausstattungselement, das zu 100 Prozent aus Baumwolle bestand und einen Rundhalsausschnitt vorzuweisen hatte. Das T-Shirt – luftig, wenig Raum im Marschgepäck einnehmend, nutzbar sowohl als Handtuch als auch als weiße Fahne – kam mit den Alliierten nach Europa. [...] Schauspieler wie Marlon Brando und James Dean erhöhten das T-Shirt während der 50er Jahre in Verbindung mit Bluejeans und Lederjacken zum Symbol einer widerständigen Jugend, die sich zum ersten Mal in der Geschichte als Lebensgefühlsgemeinschaft definierte. In Amerika wie auch in Europa wurde das T-Shirt zum Symbol einer Generationenrevolte.

[...] Um diese Provokation im 21. Jahrhundert nur annähernd nachempfinden zu können, müsste man heute vermutlich einen BH übers T-Shirt ziehen und ein öffentliches Verkehrsmittel betreten. In den westlichen Gesellschaften der 50er Jahre jedenfalls hatte das T-Shirt jenseits von Sportstadien und Schlafzimmern nach herrschender Meinung wenig zu suchen. Ein Bruch mit dieser Haltung musste zum rebellischen Akt geraten. Der amerikanische Designer Tommy Hilfiger musste bis in die 70er Jahre warten, ehe das T-Shirt als Kleidungsstück an staatlichen Schulen akzeptiert wurde.

[...] In den 60er Jahren durften schließlich auch Frauen aus der Enge von Korsetts und geknöpften Blusen in die Jersey-Umarmung fliehen. [...] Die Aneignung dieses bisher zutiefst männlichen Kleidungsstücks machte das T-Shirt zum Accessoire für starke, unabhängige Frauen. [...]

Auch auf den Straßen, bei Demonstrationen, wurde das T-Shirt zum tragbarsten aller Transparente. Die Sprüche waren schnell aufgebracht und mussten nicht einmal über den Tag hinaus Bestand haben, weil der Untergrund billig war. Dabei ist es geblieben.

In einer individualisierten Gesellschaft dient das T-Shirt als Leinwand, zur Vermittlung von Vorstellungen und Forderungen, ohne dass der Träger dazu den Mund aufmachen müsste. [...]

Kein Fummel lässt sich so leicht und unkompliziert in Besitz nehmen wie ein T-Shirt, nicht nur mit Schere und Farbe. „Es ist das einzige Kleidungsstück", so Fashion-Designer Helmut Lang, „das sich unseren Wünschen völlig unterwirft. Mal Unterwäsche, mal Oberbekleidung, es ändert sich je nach Sitten und Saison." [...] Für Einzelstücke sind Kunden bereit, bis zu 800 Euro zu investieren. Als die Italiener Dolce & Gabbana bei ihrer Frühjahrspräsentation 2001 Models mit Madonna-T-Shirts auf den Laufsteg schickten, war die auf 200 Exemplare begrenzte Auflage eines Edel-Shirts mit Stickereien und Swarowski-Steinen innerhalb kürzester Zeit ausverkauft.

„Das T-Shirt ist heute [...] eine Visitenkarte, quasi ein Personalausweis", sagt der Modeschöpfer Christian Lacroix. „Es spricht aus, was man denkt. [...] Man trägt es nicht, ohne nachzudenken. Die Form zählt genauso zum Inhalt." Erlaubt ist dabei längst, was gefällt. [...]

Die 70er Jahre brachten auch noch die Unsitte hervor, Markennamen und Logos der Hersteller nicht nur auf dem Etikett, sondern auch mehr oder weniger großflächig auf der Vorderseite unterzubringen. Eine geschmackliche Entgleisung, die umgehend durch den Boom der Fälscherindustrie bestraft wurde, die heute etwa sieben Prozent des weltweiten Umsatzes einstreicht.

In einem einzigen T-Shirt liegen zehn Kilometer Faden in Maschen. Weltweit werden jährlich mehr als zwei Milliarden T-Shirts verkauft. Die 20 Cent, für die ein T-Shirt in China produziert wird, oft unter äußerst fragwürdigen Arbeitsbedingungen, machen kaum mehr als 0,5 Prozent des Endpreises aus. Kritik daran nutzen Labels wie American Apparel, die in den USA produzieren und mit stabilen Arbeitsplätzen für ihre Produkte werben. Die T-Shirts tragen keine Logos – eine Leinwand, weiß, schwarz, zur Gestaltung freigegeben. [...]

Der Tagesspiegel vom 03.05.2008.

[1] Haute Couture: Schneiderkunst, die für die elegante Mode bedeutsam ist

LESEKOMPETENZ – Aufgaben zu Text 1

101 Das T-Shirt wird in Zeile 1 indirekt verglichen mit einem ... ____ / 1 P.

(a) Buchstaben.	☐
(b) Lebewesen.	☐
(c) Material.	☐
(d) Gegenstand.	☐

102 Das Lebensgefühl, das man mit einem T-Shirt verbindet, hat sich im Laufe des 20. Jahrhunderts verändert.
Ordnen Sie den jeweils passenden Begriff dem entsprechenden Jahrzehnt zu.

Markenfixierung	Bequemlichkeit	Emanzipation	Revolte

Jahrzehnt	Das Lebensgefühl ist geprägt von …	
(a) 50er Jahre		____ / 1 P.
(b) 60er Jahre		____ / 1 P.
(c) 70er Jahre		____ / 1 P.
(d) 80er Jahre		____ / 1 P.

103 Wie viele T-Shirts werden jährlich weltweit verkauft? ____ / 1 P.

____

104 Wie viel kostet ein T-Shirt in der Herstellung? ____ / 1 P.

____

105 Im Text heißt es, dass die US-Navy während des Zweiten Weltkriegs dem T-Shirt zum „ultimativen Durchbruch" verhalf (Zeile 35).
Notieren Sie aus dem Text zwei für das Militär bedeutsame Vorteile, die Soldaten mit T-Shirts auszurüsten.

(a)	____ / 1 P.
(b)	____ / 1 P.

106 Im Text heißt es, dass das T-Shirt heute u.a. als Visitenkarte dient (Zeile 71).
Erläutern Sie mithilfe des Textes, was damit gemeint ist. ____ / 2 P.

____

____

107 Notieren Sie <u>einen</u> Grund aus dem Text, warum aus dem ärmellosen Unterhemd ein T-Shirt wurde.
____ / 1 P.

____

108 Welche technische Erfindung beförderte die massenhafte Fertigung von T-Shirts? ____ / 1 P.

____

109 Die Royal Navy verordnete ihren Männern zunächst Unterhemden aus Wolle.
Notieren Sie …
(a) den Grund, warum die Wolle später durch Baumwolle ersetzt wurde und
(b) wann dies geschah.

(a)	____ / 1 P.
(b)	____ / 1 P.

110 Der Anteil gefälschter T-Shirts am Gesamtumsatz beträgt heute … ____ / 1 P.

(a) 5 %.	☐
(b) 7 %.	☐
(c) 10 %.	☐
(d) 15 %.	☐

111 Im Text heißt es, dass der Massenartikel T-Shirt in die Welt der Haute Couture Einzug gehalten hat. Notieren Sie, wer das Kleidungsstück erstmals in die Kollektion aufnahm. ____ / 1 P.

____

112 In welchem Jahr präsentierten die Italiener Dolce & Gabbana Models mit Madonna-T-Shirts? ____ / 1 P.

____

113 In den 50er Jahren galt es als Provokation, ein T-Shirt in der Öffentlichkeit zu tragen. Der Text nennt ein Bekleidungsbeispiel, womit dies heute nachzuempfinden wäre. Notieren Sie das im Text genannte Beispiel. ____ / 1 P.

____

____

114 Ab wann wurde das T-Shirt als Kleidungsstück an staatlichen Schulen in den USA akzeptiert? ____ / 1 P.

(a) 40er Jahre	☐
(b) 50er Jahre	☐
(c) 60er Jahre	☐
(d) 70er Jahre	☐

115 Im Text heißt es, dass die Geschichte des T-Shirts weit zurückreicht. Notieren Sie,
(a) wann das T-Shirt erstmals getragen wurde und
(b) von wem das T-Shirt erstmals getragen wurde.

(a)	____ / 1 P.
(b)	____ / 1 P.

116 Im Untertitel heißt es, dass man das T-Shirt „exklusiv [...] oder von der Stange" haben kann. Damit ist gemeint, dass es ... ____ / 1 P.

(a) nur als Einzelstück von exklusiven Designern erhältlich ist.	☐
(b) nur bei besonders exklusiven Gelegenheiten erhältlich ist.	☐
(c) sowohl als Einzelstück als auch als Massenprodukt erhältlich ist.	☐
(d) direkt im Straßenverkauf von der Kleiderstange erhältlich ist.	☐

117 Im Text (Zeile 82) ist von „äußerst fragwürdigen Arbeitsbedingungen" bei der Herstellung von T-Shirts die Rede. Notieren Sie ein Beispiel dafür aus Ihrem Alltagswissen. ____ / 2 P.

____

118 In dem Textabschnitt Zeile 75–79 finden sich subjektive Wertungen der Autorin dieses Zeitungsartikels. Notieren Sie eine. ____ / 2 P.

____

LESEKOMPETENZ
Aufgaben zu Text 1 ___ / 27 P.

SPRACHWISSEN UND SPRACHBEWUSSTSEIN – Aufgaben zu Text 1

151 Für das Wort „Leibchen" (Zeile 22) finden sich im Wörterbuch folgende Synonyme. Unterstreichen Sie zwei für diesen Text passende. ____ / 1 P.

Weste	Unterhemd	Sporthemd

152 Der Autor verwendet verschiedene Stilmittel.
Ordnen Sie jedem Satz die richtige Nummer zu.

1) Vergleich	2) Personifikation	3) Alliteration	4) Parallelismus

	Nummer	
(a) „wöchentliches Wäschewechseln" (Zeile 26)		____ / 1 P.
(b) „Das T-Shirt berichtet von unserem Lebensgefühl." (im Untertitel)		____ / 1 P.

153 Im Text wird von „stabilen Arbeitsplätzen" gesprochen (Zeile 84). Ersetzen Sie das Adjektiv „stabil" durch ein anderes aus Ihrem Alltagswissen, ohne dass die Aussage des Satzes verändert wird. ____ / 1 P.

____

154 Unterstreichen Sie in dem folgenden Satz das vollständige Subjekt. ____ / 1 P.

In einem einzigen T-Shirt liegen zehn Kilometer Faden in Maschen. (Zeile 80)

155 Unterstreichen Sie in dem folgenden Satz das Prädikat. ____ / 1 P.

Die T-Shirts tragen keine Logos – eine Leinwand, weiß, schwarz, zur Gestaltung freigegeben. (Zeile 85/86)

156 Im Text gibt es zahlreiche Komposita wie „Körperbehaarung" (Zeile 18). Notieren Sie ein weiteres aus den Zeilen 20/21. ____ / 1 P.

____

157 Bestimmen Sie den Modus der Verben im folgenden Teilsatz:
„Wäre ein Kleidungsstück ein Gefühl, dann müsste das T-Shirt …" (Zeile 1) ____ / 1 P.

(a) Indikativ	☐
(b) Imperativ	☐
(c) Konjunktiv I	☐
(d) Konjunktiv II	☐

158 Unterscheiden Sie bei dem folgenden Satz zwischen Haupt- und Nebensatz (Gliedsatz). Notieren Sie jeweils die Abkürzungen HS bzw. NS. ____ / 2 P.

	HS/NS
Die technischen Voraussetzungen für den Siegeszug des Leibchens hatte der Engländer William Cotton in den 1860er Jahren geschaffen,	
als er eine Wirkmaschine entwickelte,	
die das massenhafte Rundwirken möglich machte,	
was den gewebten Stoff langsam vom Markt drängte. (Zeile 22–25)	

159 In dem Satz „Es spricht aus, was man denkt." (Zeile 72) ersetzt der Nebensatz ein vollständiges Satzglied. Notieren Sie, um welches es sich handelt. ____ / 1 P.

____

160 Bestimmen Sie, um welche Art von Nebensatz es sich bei dem folgenden handelt:
„… weil der Untergrund billig war." (Zeile 59) ____ / 1 P.

(a) konzessiver Nebensatz	☐
(b) konditionaler Nebensatz	☐
(c) konsekutiver Nebensatz	☐
(d) kausaler Nebensatz	☐

161 Ersetzen Sie im Satz: „Für Einzelstücke sind Kunden bereit, bis zu 800 Euro <u>zu investieren</u>." (Zeile 66/67) den erweiterten Infinitiv durch einen anderen passenden. ____ / 1 P.

____

162 In dem Satz „Das Hemd, <u>der Form nach einem T nachempfunden</u>, war damals unser bester Freund." (Zeile 8/9) wird eine Apposition verwendet. Welche Funktion hat diese im Satz? ____ / 2 P.

____

163 Bestimmen Sie das Tempus der unterstrichenen Prädikate in folgenden Sätzen.

	Tempus	
(a) Dabei <u>ist</u> es bis heute <u>geblieben</u>. (Zeile 10)		____ / 1 P.
(b) Weltweit <u>werden</u> jährlich mehr als zwei Milliarden T-Shirts <u>verkauft</u>. (Zeile 80/81)		____ / 1 P.
(c) Wir <u>nannten</u> es Tie-Schört. (Zeile 9)		____ / 1 P.

164 Im Text wird der Designer Helmut Lang zitiert (Zeile 64/65).
Setzen Sie das Zitat in indirekte Rede mithilfe des Konjunktiv I. ____ / 2 P.

„Es ist das einzige Kleidungsstück", so Fashion-Designer Helmut Lang, „das sich unseren Wünschen völlig unterwirft."
Fashion-Designer Helmut Lang sagt, …

SPRACHWISSEN
Aufgaben zu Text 1 ___ / 20 P.

2 Zugewandert – abgewandert

Quelle: Statistisches Bundesamt

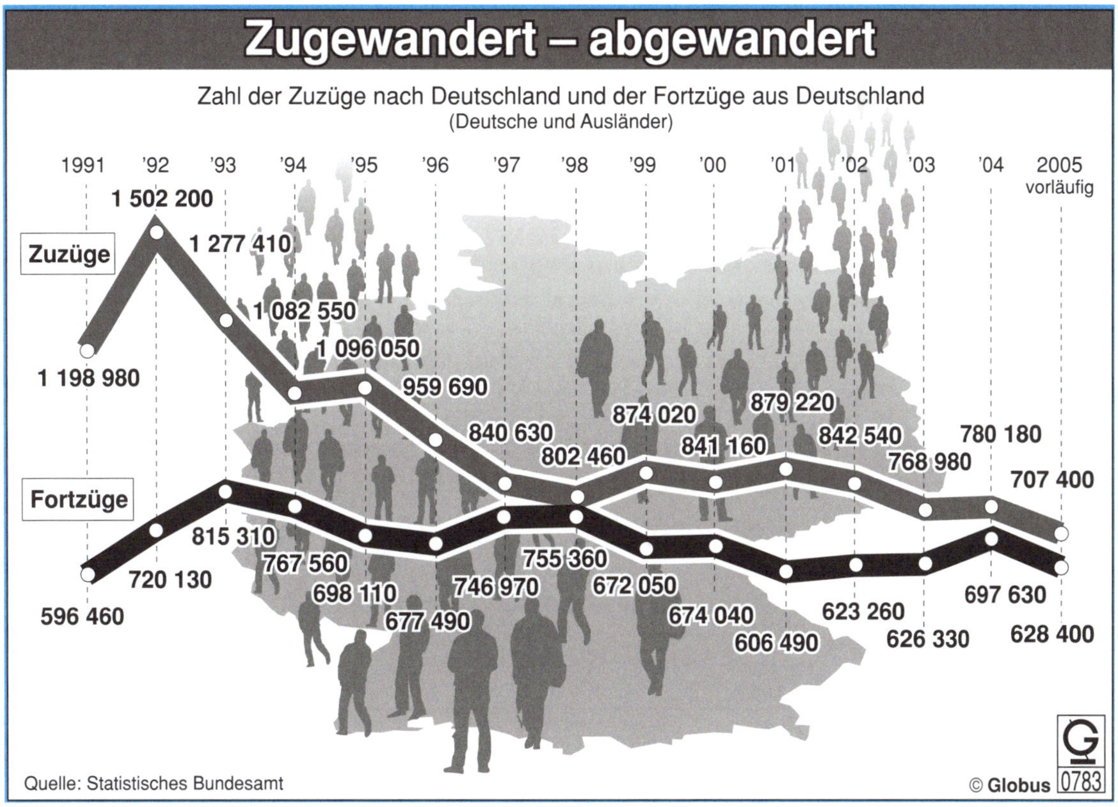

Globus Infografik GmbH vom 17.07.2006, Nr. 0783.

LESEKOMPETENZ – Aufgaben zur Grafik „Zugewandert – abgewandert“

201 Notieren Sie, womit sich die Grafik thematisch befasst. ____ / 1 P.

____

____

202 Über welche Personen gibt die Grafik Auskunft? Kreuzen Sie die richtige Antwort an. ____ / 1 P.

(a) ausschließlich Deutsche	☐
(b) ausschließlich Ausländer	☐
(c) Deutsche und Ausländer	☐
(d) Deutsche in der EU	☐

203 Die Grafik erfasst einen bestimmten Zeitraum. Notieren Sie diesen. ____ / 1 P.

____

204 Ein Jahr ist noch nicht vollständig erfasst. Notieren Sie dieses. ____ / 1 P.

____

205 Notieren Sie das Jahr, in dem es die meisten Zuzüge nach Deutschland gab.
(Hinweis: nur vollständig erfasste Jahre) ____ / 1 P.

____

206 Notieren Sie das Jahr, in dem es die meisten Fortzüge aus Deutschland gab.
(Hinweis: nur vollständig erfasste Jahre) ____ / 1 P.

____

207 Wie oft stieg seit 2000 die Zahl der Fortzüge aus Deutschland im Vergleich zum Vorjahr?
Kreuzen Sie die richtige Antwort an. ____ / 1 P.

(a) 2-mal	☐
(b) 3-mal	☐
(c) 4-mal	☐
(d) 5-mal	☐

208 In welchem Jahr waren die Zuzüge nach Deutschland und die Fortzüge aus Deutschland zahlenmäßig fast ausgeglichen? ____ / 1 P.

____

209 Wer hat die Daten erhoben? ____ / 1 P.

____

210 In welchem Jahr wurde die Grafik veröffentlicht? ____ / 1 P.

____

211 Welche Tendenz lässt sich seit 2004 für Fort- und Zuzüge ablesen? ____ / 2 P.

____

LESEKOMPETENZ
Aufgaben zur Grafik ___ / 12 P.

3 Der Vorleser

Bernhard Schlink

Der Roman „Der Vorleser" ist aus der Perspektive von Michael Berg geschrieben, der als 15-jähriger Junge aufgrund einer Krankheit für einige Zeit nicht zur Schule gehen kann. Während seiner Krankheit lernt er eine Frau – Hanna Schmitz – kennen, in die er sich verliebt. Diese Frau ist allerdings wesentlich älter als Michael, daher erzählt er zu Hause bei seinen Eltern und Geschwistern auch nichts von ihr.

Als ich von ihr [Hanna Schmitz] nach Hause kam, saßen meine Eltern und Geschwister schon beim Abendessen. „Warum kommst du so spät? Deine Mutter hat sich Sorgen um dich gemacht." Mein Vater klang mehr ärgerlich als besorgt. Ich sagte, ich hätte mich verirrt; ich hätte einen Spaziergang über den Ehrenfriedhof zur Molkenkur geplant, sei aber lange nirgendwo und schließlich in Nußloch angekommen. „Ich hatte kein Geld und mußte von Nußloch nach Hause laufen."

„Du hättest trampen können." Meine jüngere Schwester trampte manchmal, was meine Eltern nicht billigten.

Mein älterer Bruder schnaubte verächtlich. „Molkenkur und Nußloch – das sind völlig verschiedene Richtungen."

Meine ältere Schwester sah mich prüfend an.

„Ich gehe morgen wieder zur Schule."

„Dann paß gut auf in Geographie. Es gibt Norden und Süden, und die Sonne geht ..."

Meine Mutter unterbrach meinen Bruder. „Noch drei Wochen, hat der Arzt gesagt."

„Wenn er über den Ehrenfriedhof nach Nußloch und wieder zurück laufen kann, kann er auch in die Schule gehen. Ihm fehlt's nicht an Kraft, ihm fehlt's an Grips[1]." Als kleine Jungen hatten mein Bruder und ich uns ständig geprügelt, später verbal[2] bekämpft. Drei Jahre älter, war er mir im einen so überlegen wie im anderen. Irgendwann habe ich aufgehört zurückzugeben und seinen kämpferischen Einsatz ins Leere laufen lassen. Seitdem beschränkte er sich aufs Nörgeln.

„Was meinst du?" Meine Mutter wandte sich an meinen Vater. Er legte Messer und Gabel auf den Teller, lehnte sich zurück und faltete die Hände im Schoß.

Er schwieg und schaute nachdenklich, wie jedesmal, wenn meine Mutter ihn der Kinder oder des Haushalts wegen ansprach. Wie jedesmal fragte ich mich, ob er tatsächlich über die Frage meiner Mutter nachdachte oder über seine Arbeit. Vielleicht versuchte er auch, über die Frage meiner Mutter nachzudenken, konnte aber, einmal ins Nachdenken verfallen, nicht anders als an seine Arbeit denken. Er war Professor für Philosophie, und Denken war sein Leben, Denken und Lesen und Schreiben und Lehren.

Manchmal hatte ich das Gefühl, wir, seine Familie, seien für ihn wie Haustiere. Der Hund, mit dem man spazieren geht, und die Katze, mit der man spielt, auch die Katze, die sich im Schoß kringelt und schnurrend streicheln läßt – das kann einem lieb sein, man kann es in gewisser Weise sogar brauchen, und trotzdem ist einem das Einkaufen des Futters, das Säubern des Katzenklos und der Gang zum Tierarzt eigentlich schon zu viel. Denn das Leben ist anderswo. Ich hätte gerne gehabt, daß wir, seine Familie, sein Leben gewesen wären. Manchmal hätte ich auch meinen nörgelnden Bruder und meine freche kleine Schwester lieber anders gehabt. Aber an dem Abend hatte ich sie alle plötzlich furchtbar lieb. Meine kleine Schwester. Vermutlich war es nicht leicht, das jüngste von vier Geschwistern zu sein, und konnte sie sich ohne einige Frechheit nicht behaupten. Mein großer Bruder. Wir hatten ein gemeinsames Zimmer, was für ihn sicher schwieriger war als für mich, und überdies musste er, seit

ich krank war, mir das Zimmer völlig lassen und auf dem Sofa im Wohnzimmer schlafen. Wie sollte er nicht nörgeln? Mein Vater. Warum sollten wir Kinder sein Leben sein? Wir wuchsen heran und waren bald groß und aus dem Haus.
Mir war, als säßen wir das letzte Mal gemeinsam um den runden Tisch unter dem fünfarmigen, fünfkerzigen Leuchter aus Messing. Als äßen wir das letzte Mal von den alten Tellern mit den grünen Ranken am Rand, als redeten wir das letzte Mal so vertraut miteinander. Ich fühlte mich wie bei einem Abschied. Ich war noch da und schon weg. Ich hatte Heimweh nach Mutter und Vater und den Geschwistern, und die Sehnsucht, bei der Frau [Hanna Schmitz] zu sein.
Mein Vater sah zu mir herüber. „Ich gehe morgen wieder zur Schule – so hast du gesagt, nicht wahr?"
„Ja." Es war ihm also aufgefallen, daß ich ihn und nicht Mutter gefragt und auch nicht gesagt hatte, ich frage mich, ob ich wieder in die Schule gehen soll.
Er nickte. „Lassen wir dich zur Schule gehen. Wenn es dir zu viel wird, bleibst du eben wieder zu Hause."
Ich war froh. Zugleich hatte ich das Gefühl, jetzt sei der Abschied vollzogen.

Der Text der Prüfungsklausur ist in schwarzer Schrift gehalten. Die grau markierten Passagen wurden in der Klausur ausgelassen. Sie werden hier aber abgedruckt, weil der Autor nur einem ungekürzten Abdruck zustimmt.

[1] Verstand, Auffassungsgabe

[2] mit Worten

LESEKOMPETENZ – Aufgaben zu Text 3 „Der Vorleser"

301 Wie alt ist Michael? ____ / 1 P.

____

302 Wer spricht Michael als Erstes an, nachdem er nach Hause gekommen ist? Notieren Sie. ____ / 1 P.

____

303 Wie viele Personen sitzen insgesamt am Abendbrottisch? Notieren Sie. ____ / 1 P.

____

304 Ordnen Sie die Nummer des entsprechenden Familienmitgliedes der wörtlichen Rede zu.

1) der Vater 2) die Mutter 3) der ältere Bruder 4) Michael 5) die jüngere Schwester

	Nummer	
(a) „Ich hatte kein Geld und mußte von Nußloch nach Hause laufen."		____ / 1 P.
(b) „Dann paß gut auf in Geographie. Es gibt Norden ...".		____ / 1 P.
(c) „Noch drei Wochen, hat der Arzt gesagt."		____ / 1 P.
(d) „Wenn er über den Ehrenfriedhof nach Nußloch ..."		____ / 1 P.

305 In Zeile 11 heißt es: „Meine ältere Schwester sah mich prüfend an."
Notieren Sie einen möglichen Grund für ihr Verhalten. ____ / 2 P.

____

____

306 Über den Bruder sagt der Erzähler: „Drei Jahre älter, war er mir im einen so überlegen wie im anderen" (Zeile 18). Worin war er ihm überlegen? Notieren Sie die zwei Merkmale, in denen der Bruder ihm überlegen ist.

(a)	____ / 1 P.
(b)	____ / 1 P.

307 In Zeile 34 heißt es: „Denn das Leben ist anderswo." Das bedeutet, der Vater ... ____ / 2 P.

(a) lehnt seine Familie ab.	☐
(b) wohnt und lebt an einem anderen Ort.	☐
(c) versorgt seine Kinder nicht.	☐
(d) fühlt sich durch das Familienleben nicht ausgefüllt.	☐

308 Der Erzähler zeigt durch eine Aussage (wörtliche Rede) im Text, dass er für sich selbst entscheiden will, was richtig ist. Notieren Sie diese Aussage und geben Sie die Zeile an, in der sie steht.

____ / 2 P.

____

309 Michaels Einstellung zu den anderen Familienmitgliedern ist am Ende des Gesprächs geprägt von: …
Kreuzen Sie an.

	zutref-fend	nicht zutref-fend	
(a) Verachtung	☐	☐	____ / 1 P.
(b) Verständnis	☐	☐	____ / 1 P.
(c) Gleichgültigkeit	☐	☐	____ / 1 P.
(d) Trotz	☐	☐	____ / 1 P.
(e) Zuneigung	☐	☐	____ / 1 P.

310 In Zeile 48 verspürt Michael „Heimweh nach Mutter und Vater und den Geschwistern", obwohl er im selben Moment mit ihnen zusammen ist.
Michael verspürt also „Heimweh", weil … ____ / 2 P.

(a) er sich nicht vorstellen kann, ein selbständiges Leben ohne seine Familie zu führen.	☐
(b) er beschlossen hat, die Familie bald zu verlassen, um allein zu leben.	☐
(c) er spürt, dass die Zeit des reinen ‚Kindseins' vorbei ist.	☐
(d) er seine Familie in der Vergangenheit häufig vermisst hat.	☐

LESEKOMPETENZ
Aufgaben zu Aufgabe 3 ___ / 21 P.

SPRACHWISSEN UND SPRACHBEWUSSTSEIN – Aufgaben zu Text 3 „Der Vorleser"

351 In Zeile 44 steht: „Mir war, als säßen wir das letzte Mal um den runden Tisch …"
Die unterstrichene Formulierung bedeutet: ____ / 1 P.

(a) Er weiß es.	☐
(b) Er hofft es.	☐
(c) Er fühlt sich so.	☐
(d) Er will es so.	☐

352 Bestimmen Sie die folgenden Sätze. Ordnen Sie jedem Satz die richtige Nummer zu.

1) rhetorische Frage	2) indirekte Rede	3) Fragesatz	4) Einschub

	Nummer	
(a) Warum kommst du so spät? (Zeile 2)		____ / 1 P.
(b) Ich sagte, ich hätte mich verirrt. (Zeile 3/4)		____ / 1 P.
(c) Warum sollten wir Kinder sein Leben sein? (Zeile 42/43)		____ / 1 P.

353 Für das Wort „groß" (Zeile 43) gibt es im Wörterbuch folgende Synonyme.
Unterstreichen Sie <u>ein</u> Wort, das zu dieser Textstelle passt. ____ / 1 P.

mächtig, beträchtlich, reichlich, stark, bedeutend, gewaltig, bemerkenswert, erheblich, erwachsen, geräumig, hoch, lang

354 In Zeile 9 steht: „Mein älterer Bruder schnaubte verächtlich."
Das bedeutet: Mein älterer Bruder … ____ / 1 P.

(a) sagt den Satz abfällig.	☐
(b) putzt sich die Nase.	☐
(c) sagt den Satz wütend.	☐
(d) spricht durch die Nase.	☐

355 Erklären Sie die unterstrichene Formulierung: Ich hatte sie alle „plötzlich <u>furchtbar lieb</u>" (Zeile 37). ____ / 1 P.

____

356 Im Text gibt es mehrere grammatisch unvollständige Sätze, z. B. in Zeile 42: „Mein Vater."
Welcher der folgenden Fachbegriffe bezeichnet unvollständige Sätze? ____ / 1 P.

(a) Hyperbel	☐	(c) Parabel	☐
(b) Ellipse	☐	(d) Inversion	☐

357 Ordnen Sie die Nummern der jeweiligen Steigerungsform den unterstrichenen Adjektiven richtig zu.

1) Positiv	2) Komparativ	3) Superlativ

	Nummer	
(a) „… das jüngste von vier Geschwistern zu sein …" (Zeile 37–39)		____ / 1 P.
(b) „Meine ältere Schwester sah mich prüfend an." (Zeile 11)		____ / 1 P.

SPRACHWISSEN
Aufgaben zu Text 3 ___ / 10 P.

4 Schreibkompetenz – Überarbeiten eines Schülertextes

Folgende Beurteilung einer Gruppenarbeitsphase im Deutschunterricht wurde von einem Schüler abgegeben. Leider haben sich einige Fehler eingeschlichen, die von Ihnen als Mitschüler/-in in einer Schreibkonferenz überarbeitet werden müssen.

Die Gruppenarbeitsatmosphäre zum Film „Die Welle" war cool und hat mir generell gut gefallen. Am Anfang haben fast alle aus unserer Gruppe denn Film gemeinsam gesehen und darüber gesprochen. Am nächsten Tag haben wir Gruppen gebildet. Cornelia, Anna und ich machten die Power-Point-Präsentation, Max, Friedrich und Lena fertigten die Inhaltsangabe an, und Marie, Felix und Philip übernahmen die Arbeitsblätter.

Als es dann ans arbeiten ging, fanden die meisten schnell eine Aufgabe, nur Friedrich, Lena und Anna musste man ab und zu zur Konzentration aufrufen. Besonders Anna war oft ein kleiner Störfaktor da sie oft Kommentare abgegeben hat die nicht immer passend waren. Cornelia und Felix waren immer sehr konzentriert bei der Arbeit und haben oft auch viel als Hausaufgaben erledigt. Auch wenn es zeitweise so aussah als ob wir es nicht mehr schaffen würden verlief unsere Präsentation dann ja doch relativ problemlos.

Wir müssen beim nächsten mal die Arbeitsblätter gemeinsam durchgehen, damit uns nicht mehr so viele Fehler passieren. Ansonsten denke ich, dass wir das als Gruppe gut hingekriegt haben.
Insgesamt hat mir die Arbeit an ein Filmprojekt gut gefallen, weil es Spaß gemacht hat und man etwas gelernt hat.

SCHREIBKOMPETENZ – Überarbeiten des Schülertextes

481 Im Text finden sich umgangssprachliche Formulierungen.
Unterstreichen Sie diese und formulieren sie in Standardsprache um.

Unterstreichung	Umformulierung	
(a) „Die Gruppenarbeitsatmosphäre (…) war cool und hat mir generell gut gefallen." (Zeile 1/2)		____ / 2 P.
(b) „… dass wir das als Gruppe gut hingekriegt haben." (Zeile 13/14)		____ / 2 P.

482 In den folgenden Formulierungen gibt es Rechtschreibfehler.
Streichen Sie die Rechtschreibfehler durch und korrigieren Sie sie.

Streichung	Korrektur	
(a) „Am Anfang hatten fast alle aus unserer Gruppe denn Film gemeinsam gesehen …" (Zeile 2/3)		___ / 1 P.
(b) „Als es dann ans arbeiten ging, fanden die meisten schnell eine Aufgabe …" (Zeile 6)		___ / 1 P.
(c) „Wir müssen beim nächsten mal die Arbeitsblätter gemeinsam durchgehen …" (Zeile 12)		___ / 1 P.

483 In den folgenden Sätzen fehlen Satzzeichen. Setzen Sie diese.

(a) „Auch wenn es zeitweise so aussah als ob wir es nicht mehr schaffen würden verlief unsere Präsentation dann ja doch relativ problemlos." (Zeile 10–12)	___ / 1 P.
(b) „Besonders Anna war oft ein kleiner Störfaktor da sie oft Kommentare abgegeben hat die nicht immer passend waren." (Zeile 7–9)	___ / 1 P.

484 In der folgenden Formulierung gibt es einen Kasusfehler.
Streichen Sie den Fehler durch und korrigieren Sie ihn. ___ / 1 P.

Streichung	Korrektur
Insgesamt hat mir die Arbeit an ein Filmprojekt gut gefallen, weil es Spaß gemacht hat und man etwas gelernt hat. (Zeile 15/16)	

485 Der zweite und der dritte Satz beginnen mit derselben Präposition. Um eine Wiederholung zu vermeiden, formulieren Sie den Anfang des ersten Satzes um. ___ / 2 P.

Ausgangssätze	Umformulierung
Am Anfang haben fast alle aus unserer Gruppe denn Film gemeinsam gesehen und darüber gesprochen. Am nächsten Tag haben wir Gruppen gebildet.	

SCHREIBKOMPETENZ
Überarbeiten eines Textes ___ / 12 P.

5 Schreibkompetenz – Erstellen eines Schreibplans

Sie nehmen mit Ihrer Klasse an dem Projekt „Zeitung in der Schule“ teil. Dafür erstellen Sie einen Schreibplan zu der folgenden These:

Es ist sinnvoll, nach der Schulzeit ein „Soziales Jahr“ für alle Schülerinnen und Schüler verpflichtend einzuführen.

Im Folgenden finden Sie Argumente und Belege ungeordnet aufgelistet.
(a) Sortieren Sie auf der folgenden Seite die Argumente zunächst nach Pro und Kontra.
(b) Ordnen Sie dann den Argumenten 1–8 den jeweils passenden Beleg a)–h) zu.

Argumente	Belege
1. Verantwortung für andere übernehmen	(a) Jugendliche dienen als billige Arbeitskräfte
2. Einschränkung persönlicher Entfaltungsmöglichkeiten bei verbindlicher Einführung	(b) schon seit drei Jahren freiwillige Tätigkeit als Leiter einer Jugendgruppe
3. Abbau von Arbeitsplätzen im sozialen Bereich	(c) Praktikum im Ausland
4. Kennenlernen neuer Kulturen	(d) Zahl der Schulabgänger übersteigt die Zahl der angebotenen Plätze bei weitem
5. bereits ehrenamtliche Tätigkeiten am Wohnort	(e) mit anderen kommunizieren und im Team arbeiten können
6. begrenztes Angebot an Stellen für das Soziale Jahr	(f) Betreuung eines Kunstprojektes für Sehbehinderte
7. Vor- und Nachteile eines Berufsfeldes erkunden	(g) Entscheidungshilfe bei der Berufswahl
8. Erwerb von Fähigkeiten, die man in allen Berufen gebrauchen kann	(h) bereits abgeschlossener Ausbildungsvertrag geht verloren

Pro-Argumente und Belege

Nummer + Buchstabe

-
-
-
-

581 ____ / 2 P.
582 ____ / 2 P.
583 ____ / 2 P.
584 ____ / 2 P.

Kontra-Argumente und Belege

Nummer + Buchstabe

-
-
-
-

585 ____ / 2 P.
586 ____ / 2 P.
587 ____ / 2 P.
588 ____ / 2 P.

SCHREIBKOMPETENZ
Erstellen eines Schreibplans ___ / 16 P.

6 Schreibkompetenz – Verfassen eines formalen Briefes

In einem Jugendmagazin erschien ein Artikel zum Thema

„Aufregende Abende, kurzfristige Verabredungen – Das Handy verändert das Verhalten Jugendlicher"

Im Folgenden finden Sie einige Argumente und Belege, die für diese These sprechen:

Das Wochenende muss nicht mehr langfristig geplant werden, weil man sich spontan über SMS verabreden kann.

Mit dem Handy wird es nie langweilig, weil man damit fotografieren, filmen, spielen oder Musik hören kann.

Eine SMS ermöglicht es, Leute schnell wiederzufinden oder auf Distanz zu halten, da kein direkter Kontakt mehr nötig ist.

Aufgabe:

- Verfassen Sie einen Leserbrief an die Zeitung, in dem Sie persönlich Stellung nehmen.
- Verwenden Sie in Ihrem Brief zwei der oben genannten Pro-Argumente.
- Finden Sie darüber hinaus zwei passende Gegenargumente mit entsprechendem Beleg.
- Formulieren Sie abschließend Ihr persönliches Fazit.
- Beachten Sie dabei die Regeln für das Verfassen eines formalen Briefs.

Berlin, den 20. Mai 2009

An

Berlin Aktuell
Scheibenstr. 65
19888 Berlin

Leserbrief zum Thema: Aufregende Abende, kurzfristige Verabredungen – Das Handy verändert das Verhalten Jugendlicher

Anzahl der Worte:

681 Aufbau	____ / 3 P.
682 Adressatenorientierung	____ / 2 P.
683 Textmuster	____ / 4 P.
684 Schreibfunktion	____ / 3 P.
685 Format	____ / 2 P.
686 Originalität/Einfallsreichtum	____ / 2 P.
687 Sprachliche Vielfalt und Genauigkeit	____ / 2 P.
688 Sprachliche Richtigkeit/Verständlichkeit	____ / 2 P.
689 Schreibregeln	____ / 2 P.

SCHREIBKOMPETENZ
Verfassen eines formalen Briefes ____ / 22 P.

F 2 Prüfungsaufgaben 2010

Auf den folgenden Seiten findest du die schriftliche Prüfungsarbeit zum Mittleren Schulabschluss, die den Schülerinnen und Schülern am 18. Mai 2010 gestellt wurde. Sie hatten insgesamt 180 Minuten Zeit, um die Aufgaben zu lösen. Sie konnten maximal 140 Punkte erreichen. Am rechten Rand ist notiert, wie viele Punkte maximal für die richtige Lösung der Aufgabe vergeben werden. Damit du unter Prüfungsbedingungen arbeiten kannst, werden dir keine Tipps zur Lösung der Aufgaben gegeben.
Folgende Hinweise, wie die Aufgaben zu bearbeiten sind, wurden den Schülerinnen und Schülern gegeben:

a) Es gibt verschiedene Aufgabentypen.
- Bei Multiple-Choice-Aufgaben kreuze die zutreffende Lösung an.
- Bei Tabellen mit Richtig-Falsch-Abfrage überprüfe jede einzelne Aussage. Entscheide dann, ob sie richtig oder falsch ist, und kreuze an.
- Fragen beantwortest du im ganzen Satz oder im verständlichen Stichpunkt.
- Die Schreibaufgabe besteht aus drei Teilen.
  - Zuerst überarbeitest du einen Schülertext mithilfe der Aufgaben.
  - Im Anschluss daran verfasst du einen Schreibplan.
  - Zuletzt schreibst du einen formalen Brief.

b) Gehe möglichst so vor:
- Du musst alle Aufgaben bearbeiten. Es ist sinnvoll, die Texte der vorgegebenen Reihenfolge nach zu bearbeiten, Markierungen sind dabei hilfreich.
- Du solltest zuerst den jeweiligen Text lesen und anschließend die Aufgaben dazu bearbeiten.

c) Beachte bitte:
- Du kannst für deine Arbeit ein Wörterbuch benutzen.
- Du hast 180 Minuten Zeit.

1 Der wahre Entdecker Amerikas
Alexander von Humboldt – Er forschte im Regenwald am Amazonas, in deutschen Bergwerken und in den eisigen Gebirgen Sibiriens.

Kerstin Viering

Schon zu Lebzeiten war Alexander von Humboldt eine Legende. Charles Darwin, der Vater der Evolutionstheorie, nannte ihn den größten reisenden Wissenschaftler, der jemals gelebt hat. Und auch andere Zeitgenossen überboten einander mit Lobeshymnen auf den Forscher.

Dabei hatte zunächst nichts darauf hingedeutet, dass es der jüngere Sohn des preußischen Offiziers Alexander Georg von Humboldt und seiner Frau Marie Elisabeth zum Helden der Wissenschaft bringen würde. Im Berliner Schloss Tegel, dem Wohnsitz der Familie, hatten die größeren Hoffnungen immer auf seinem zwei Jahre älteren Bruder Wilhelm geruht. Der am 14. September 1769 geborene Alexander galt als weniger talentiert. Entsprechend wurde Wilhelm 1787 zum prestigeträchtigen Jurastudium nach Frankfurt an der Oder geschickt, während sich Alexander an derselben Universität für den weniger angesehenen Studiengang namens Kameralistik einschrieb. Dort erwarb man die Voraussetzungen für einen Verwaltungsposten im Staatsdienst.

Alexander merkte schnell, dass er nicht am richtigen Platz war. 1789 wechselte er an die Universität Göttingen, um Chemie und Physik zu studieren. Die Idee, ferne

Landstriche zu erkunden, faszinierte ihn schon damals. Entsprechend begeistert war er, als er den Naturforscher Georg Forster kennen lernte, der mit James Cook um die Welt gesegelt war. Mit Forster unternahm Humboldt seine erste Forschungsreise nach England. Auf dem Rückweg kamen sie durch das von der Revolution 1789 bewegte Paris, dessen Atmosphäre Humboldt tief beeindruckte.

Eine Art eigene Revolution zettelte Humboldt an, als ihm 1792 nach einem Schnellstudium an der Bergakademie im sächsischen Freiberg von der preußischen Regierung die Verantwortung für den Bergbau im Frankenwald und im Fichtelgebirge übertragen wurde. Dort verbesserte er Abbauverfahren, machte marode[1] Bergwerke profitabel und erfand eine Gasmaske, mit der sich Bergarbeiter gegen giftige Grubengase schützen konnten.

Als seine Mutter im Jahr 1796 starb, hängte Humboldt seine vielversprechende Karriere im Staatsdienst sofort an den Nagel. Sein ansehnliches Erbe wollte er nun in eine Reise nach Westindien investieren – jenen damals aufregend unbekannten Landstrich, zu dem große Teile Mittel- und Südamerikas gerechnet wurden. So schrieb er in einem Brief an einen Kollegen: „Ich präpariere mich noch einige Jahre und sammele Instrumente, ein bis anderthalb Jahre bleibe ich in Italien, um mich mit Vulkanen genau bekannt zu machen, dann geht es über Paris nach England ... Und dann mit englischen Schiffen nach Westindien."

Napoleons Feldzüge und allerlei politische Verwicklungen verzögerten die Umsetzung seiner Reisepläne. Erst am 5. Juni 1799 stachen Humboldt und der französische Botaniker Aimé Bonpland in der spanischen Hafenstadt La Coruña an Bord der Pizarro in See. Obwohl in der Mannschaft Typhus ausbrach und die Seekarten ungenau waren, erreichte das Schiff ohne große Verzögerung am 16. Juli 1799 die Küste des heutigen Venezuela. Alexander schrieb an seinen Bruder Wilhelm Humboldt: „Wie die Narren laufen wir bis jetzt umher; in den ersten drei Tagen können wir nichts bestimmen, da man immer einen Gegenstand wegwirft, um einen anderen zu ergreifen."

Die beiden Forscher reisten weiter nach Caracas und erkundeten in einem Einbaum die Flüsse Apure, Orinoco, Rio Atabapo und Rio Negro. In 75 Tagen legten sie 2250 Kilometer zurück und fanden dabei heraus, dass die gewaltigen Flusssysteme des Orinoco und des Amazonas über den Rio Casiquiare miteinander verbunden sind – eine Tatsache, die Geografen bis dahin für unmöglich gehalten hatten.

Bequem war die Reise nicht. Die Forscher hockten beengt zwischen Messgeräten und Käfigen voller gefangener Vögel und Affen, während sich Moskitoschwärme auf sie stürzten. Die Verpflegung bestand vor allem aus Reis, Ameisen, Maniokwurzeln und Flusswasser – und ab und zu einem Affen. Doch die Strapazen machten Humboldt nichts aus: „Die Tropenwelt ist mein Element, und ich bin nie so ununterbrochen gesund gewesen als in den letzten zwei Jahren."

Weitere Expeditionen führten die Forscher nach Kuba und durch die heutigen Staaten Kolumbien, Ecuador und Peru. Zwar kamen sie 1802 nicht bis zum Gipfel des 6310 Meter hohen Vulkans Chimborasso in Ecuador, der damals als höchster Berg der Erde galt. Die Höhenkrankheit zwang die Forscher zur Umkehr. Doch bei dem Versuch stellten sie einen Höhenweltrekord auf, der erst 30 Jahre später gebrochen wurde.

Über Mexiko und die USA segelten die beiden Forscher schließlich 1804 nach Europa zurück – im Gepäck hatten sie eine reiche Ausbeute von Notizen und Messwerten von geologischen Besonderheiten sowie bis dahin unbekannten Pflanzen und Tieren. Die folgenden Jahre verbrachte Humboldt größtenteils in Paris, wo er die Reise auswertete und umfangreiche Bücher darüber schrieb. 1827 kehrte er nach Berlin zurück.

1829 machte Humboldt noch eine weitere große Forschungsreise nach Sibirien. Seinen wissenschaftlichen Ruhm und seine Popularität hat Humboldt seiner Amerikareise zu verdanken. Dort wurden eine Meeresströmung, mehrere Berge und Flüsse sowie etliche Tiere und Pflanzen nach ihm benannt. „Alexander von Humboldt hat Amerika mehr Wohltaten erwiesen als alle seine Eroberer", urteilte der südamerikanische Unabhängigkeitskämpfer Simón Bolívar. „Er ist der wahre Entdecker Amerikas."

Berliner Zeitung, 06.05.2009

[1] heruntergekommene

LESEKOMPETENZ – Aufgaben zu Text 1 „Der wahre Entdecker Amerikas"

101 Füllen Sie die noch fehlenden Angaben zu Alexander von Humboldt in folgendem Formular aus. ____ / 4 P.

Alexander von Humboldt	
(a) Geburtsdatum	
(b) Vater	
(c) Mutter	
(d) Geschwister	
(e) Wohnsitz der Familie	
(f) Studium I	
(g) Studium II	
(h) Studium III	

102 Die Hoffnungen der Eltern ruhten auf dem zwei Jahre älteren Bruder Wilhelm. Notieren Sie den dafür angeführten Grund aus dem Text. ____ / 1 P.

____

____

103 Ordnen Sie den Jahreszahlen eine im Text genannte Station aus Humboldts Lebenslauf zu.

Jahreszahl	Station im Lebenslauf Humboldts	
(a) 1789		____ / 1 P.
(b) 1799		____ / 1 P.
(c) 1827		____ / 1 P.

104 Kreuzen Sie an, welche Ländergruppe Humboldt laut Text zu Forschungszwecken bereiste. ____ / 2 P.

(a) Ländergruppe 1 ☐	(b) Ländergruppe 2 ☐	(c) Ländergruppe 3 ☐	(d) Ländergruppe 4 ☐
China Griechenland Kuba	China Südamerika Sibirien	Sibirien Kuba Südamerika	England Italien Griechenland

105 Welche Gebiete ordnete man zu Zeiten Humboldts laut Text „Westindien" zu? ____ / 1 P.

(a) den gesamten amerikanischen Kontinent	☐
(b) große Teile Mittel- und Südamerikas	☐
(c) alle Länder, die Humboldt bereiste	☐
(d) große Teile Indiens	☐

106 Wie konnte Humboldt seine Westindien-Reise finanzieren? ____ / 1 P.

____

____

107 Humboldt brauchte 42 Tage, um das heutige Venezuela zu erreichen. Notieren Sie aus Ihrem Alltagswissen einen möglichen Grund, warum die Reise so lange gedauert hat. ____ / 1 P.

____

108 Humboldt unternahm viele Reisen in fremde Länder mit dem Ziel, … ____ / 3 P.

	richtig	falsch
(a) … die dort lebenden Völker zu unterwerfen.	☐	☐
(b) … die Pflanzen- und Tierwelt zu erkunden.	☐	☐
(c) … das Land zu vermessen und geographische Daten zu erhalten.	☐	☐
(d) … neue Rohstoffquellen in Besitz zu nehmen.	☐	☐
(e) … Handelsbeziehungen aufzubauen.	☐	☐

109 Im Titel heißt es, Alexander von Humboldt sei der „wahre Entdecker Amerikas", obwohl er Amerika nicht selbst entdeckt hat. Erläutern Sie, was hier damit gemeint ist. ____ / 2 P.

____

____

110 Alexander von Humboldt selbst war offenbar verwundert, dass er in den Tropen viel gesünder war als zu Hause. Dennoch werden im Text mögliche Gefahrenquellen angedeutet. Notieren Sie zwei.

•	____ / 1 P.
•	____ / 1 P.

111 Alexander von Humboldt war ein vielseitiger Wissenschaftler und Forscher.
Notieren Sie die im Text genannte Erfindung von ihm. ____ / 1 P.

____

112 Im Text heißt es in einem Zitat Bolívars: „Alexander von Humboldt hat Amerika mehr Wohltaten erwiesen als alle seine Eroberer." (Zeile 72–73). Erläutern Sie, warum Bolívar Humboldt nicht als Eroberer, sondern als Wohltäter beschrieben hat. ____ / 2 P.

____

____

LESEKOMPETENZ
Aufgaben zu Text 1 ___ / 23 P.

SPRACHWISSEN UND SPRACHBEWUSSTSEIN – Aufgaben zu Text 1

151 In Zeile 1–3 findet sich folgendes Satzgefüge: „Charles Darwin, der Vater der Evolutionstheorie, nannte ihn den größten reisenden Wissenschaftler, der jemals gelebt hat."
Notieren Sie nur den Hauptsatz. ____ / 1 P.

____

152 In Zeile 9-10 heißt es: „Der am 14. September geborene Alexander galt als weniger talentiert."
Notieren Sie für das Wort „talentiert" ein passendes Synonym aus Ihrem Alltagswissen. ____ / 1 P.

____

153 Notieren Sie das vollständige Subjekt des folgenden Satzes: „Erst am 5. Juni 1799 stachen Humboldt und der französische Botaniker Aimé Bonpland in der spanischen Hafenstadt La Coruña an Bord der Pizzaro in See." (Zeile 37–39) ____ / 1 P.

____

154 Die im Text zu findende Redewendung „Etwas an den Nagel hängen" (Zeile 28–29) wird meist eher umgangssprachlich benutzt. Ersetzen Sie diese durch eine passende Formulierung aus der Standardsprache. ____ / 1 P.

____

155 Bestimmen Sie das Tempus der unterstrichenen Prädikate in den folgenden Sätzen.

	Tempus	
(a Und auch andere Zeitgenossen <u>überboten</u> einander mit Lobeshymnen auf den Forscher. (Zeile 3–4)		____ / 1 P.
(b) Im Berliner Schloss Tegel […] <u>hatten</u> die größeren Hoffnungen immer auf seinem zwei Jahre älteren Bruder Wilhelm <u>geruht</u>. (Zeile 7–9)		____ / 1 P.
(c) Alexander von Humboldt <u>hat</u> Amerika mehr Wohltaten <u>erwiesen</u> als seine Eroberer, … (Zeile 70–71)		____ / 1 P.

156 Im folgenden Satzgefüge steht ein Prädikat im Plusquamperfekt, während alle anderen im Präteritum stehen:
„Entsprechend begeistert war er, als er den Naturfoscher Georg Forster kennen lernte, der mit James Cook um die Welt gesegelt war." (Zeile 17–19)
Erläutern Sie, warum an dieser Stelle das Plusquamperfekt gewählt wurde. ____ / 1 P.

____

157 Die Autorin verwendet verschiedene Stilmittel. Ordnen Sie dem Zitat die richtige Ziffer zu.
1) Vergleich
2) Personifikation
3) Symbol
4) Metapher

	Nummer
„Wie die Narren laufen wir jetzt umher; ..." (Zeile 42–44)	

____ / 1 P.

158 Bestimmen Sie, um welche Art von Nebensatz es sich bei dem folgenden handelt:
„...während sich Moskitoschwärme auf sie stürzten." (Zeile 51–52). ____ / 1 P.

(a) finaler Nebensatz	☐
(b) kausaler Nebensatz	☐
(c) temporaler Nebensatz	☐
(d) konditionaler Nebensatz	☐

159 Bestimmen Sie die Satzglieder des folgenden Satzes. ____ / 3 P.

(a) Mit Forster	☐
(b) unternahm	☐
(c) Humboldt	☐
(d) seine erste Forschungsreise	☐
(e) nach England.	☐

160 Setzen Sie das Zitat von Simón Bolívar mit Hilfe des Konjunktiv I in indirekte Rede:
„Alexander von Humboldt hat Amerika mehr Wohltaten erwiesen als alle seine Eroberer." (Zeile 70–71) ____ / 1 P.

Simón Bolívar urteilte,

____

161 Im Text gibt es zahlreiche Komposita wie „Landstriche" (Zeile 17).
Notieren Sie ein weiteres, bestehend aus zwei Substantiven, aus den Zeilen 18–20. ____ / 1 P.

____

162 In Zeile 2 heißt es: „... den größten reisenden Wissenschaftler, ...". Erklären Sie mit einer Regel, warum hier kein Komma zwischen den Adjektiven stehen darf. ____ / 1 P.

____

163 Aus heutiger Sicht läge in dem Satz „Die Tropenwelt ist mein Element, und ich bin nie so ununterbrochen gesund gewesen als in den letzten zwei Jahren" (Zeile 54–55) ein Grammatikfehler vor. Korrigieren Sie nur die ‚fehlerhafte' Stelle. ____ / 1 P.

____

SPRACHWISSEN UND SPRACHBEWUSSTSEIN
Aufgaben zu Text 1 ____/ 17 P.

2 Die Vermessung der Welt

Daniel Kehlmann

Der im Jahr 2005 erschienene Roman „Die Vermessung der Welt" ist ein raffiniertes Spiel mit Fakten und Erfundenem, ein Abenteuerroman von seltener Phantasie und Kraft. In diesem Romanauszug beschreibt der Autor Daniel Kehlmann, wie Alexander von Humboldt gegen Ende des 18. Jahrhunderts eine Weltreise unternimmt.

Nach einem halben Jahr in Neuandalusien hatte Humboldt alles untersucht, was nicht Füße und Angst genug hatte, ihm davonzulaufen. Er hatte die Farbe des Himmels, die Temperatur der Blitze und die Schwere des nächtlichen Raureifs gemessen, er hatte Vogelkot gekostet, die Erschütterungen der Erde erforscht und war in die Höhle der Toten gestiegen.

Mit Bonpland bewohnte er ein weißes Holzhaus am Rand der erst kürzlich von einem Beben beschädigten Stadt. Noch immer rissen Stöße die Menschen nachts aus dem Schlaf, noch immer hörte man, wenn man sich hinlegte und den Atem anhielt, die Bewegungen tief drunten. Humboldt grub Löcher, ließ Thermometer an langen Fäden in Brunnen hinab und legte Erbsen auf Trommelfelle. Das Beben werde gewiss wiederkommen, sagte er fröhlich. Die ganze Stadt liege bald in Trümmern.

Abends aßen sie beim Gouverneur, danach wurde gebadet. Stühle wurden ins Flusswasser gestellt, in leichter Kleidung setzte man sich in die Strömung. Hin und wieder schwammen kleine Krokodile vorbei. Einmal biss ein Fisch dem Neffen des Vizekönigs drei Zehen ab. Der Mann, er hieß Don Oriendo Casaules und hatte einen gewaltigen Schnurrbart, zuckte und starrte ein paar Sekunden reglos vor sich hin, bevor er mehr ungläubig als erschrocken seinen unvollständigen Fuß aus dem rot verdunkelten Wasser zog. Er sah mit suchendem Ausdruck um sich, dann sank er zur Seite und wurde von Humboldt aufgefangen. Mit dem nächsten Schiff kehrte er zurück nach Spanien. [...]

Nicht weit von ihrem Haus wurden Menschen versteigert. Muskulöse Männer und Frauen, Ketten um die Fußgelenke, sahen mit leeren Blicken die Landbesitzer an, welche in ihren Mündern stocherten, ihnen in die Ohren sahen [...]. Sie befühlten ihre Fußsohlen, zogen an ihren Nasen, prüften ihre Haare [...]. Meist gingen sie danach, ohne zu kaufen, es war ein schrumpfender Wirtschaftszweig. Humboldt erstand drei Männer und ließ ihnen die Ketten abnehmen. Sie begriffen nicht. Sie seien jetzt frei, ließ Humboldt dolmetschen, sie könnten gehen. Sie stierten ihn an. Frei! Einer fragte, wohin sie sollten. Wohin ihr wollt, antwortete Humboldt. Er gab ihnen Geld. Zögernd untersuchten sie die Münzen mit ihren Zähnen. Einer setzte sich auf den Boden, schloss die Augen und rührte sich nicht mehr, als gäbe es nichts auf der Welt, das ihn interessieren könnte. Humboldt und Bonpland entfernten sich unter den spöttischen Blicken der Umstehenden. Ein paar Mal drehten sie sich um, aber keiner der

Freigelassenen sah ihnen nach. Am Abend begann es zu regnen, in der Nacht erschütterte ein neues Beben die Stadt. Am nächsten Morgen waren die drei verschwunden. Niemand wusste, wohin, und sie tauchten nie mehr auf. Bei der nächsten Versteigerung blieben Humboldt und Bonpland zu Hause, arbeiteten bei geschlossenen Läden und gingen erst hinaus, als alles vorbei war.
Die Reise zur Chaymas-Mission1 führte durch dichten Wald. Bei jedem Schritt sahen sie unbekannte Pflanzen. Der Boden schien nicht genug Platz zu haben für so viel Bewuchs: Baumstämme pressten sich aneinander, Pflanzen überdeckten andere Pflanzen, Lianen strichen über ihre Schultern und Köpfe. Die Mönche der Mission begrüßten sie freundlich, obgleich sie nicht verstanden, was die beiden von ihnen wollten. Der Abt schüttelte den Kopf. Dahinter stecke doch anderes! Niemand reise um die halbe Welt, um Land zu vermessen, das ihm nicht gehöre. [...]
Unweit der Mission, in der Höhle der Nachtvögel, lebten die Toten. Der alten Legenden wegen weigerten sich die Eingeborenen, sie dorthin zu begleiten. Erst nach langem Zureden kamen zwei Mönche und ein Indianer mit. Es war eine der größten Höhlen des Kontinents, ein sechzig mal neunzig Fuß großes Loch, durch das so viel Licht einfiel, dass man noch im Berginneren hundertfünfzig Fuß weit auf Gras und unter Baumwipfeln ging. Dann erst mussten sie Fackeln anzünden. Hier begann auch das Geschrei.
In der Dunkelheit lebten Vögel. Tausende Nester hingen wie Beutel an der Höhlendecke, der Lärm war ohrenbetäubend. Wie sie sich orientierten, wusste niemand. Bonpland gab drei Schüsse ab, deren Hall vom Schreien übertönt wurde, und schon sammelte er zwei noch zuckende Körper ein. Humboldt schlug Gesteinsproben aus dem Fels, maß Temperatur, Luftdruck und Feuchtigkeit und kratzte Moos von der Wand. Ein Mönch schrie auf, als er mit seiner Sandale eine riesige Nacktschnecke zerquetschte. Sie mussten durch einen Bach waten, die Vögel flatterten um ihre Köpfe, Humboldt presste die Hände auf seine Ohren, die Mönche schlugen das Kreuz.
Hier, sagte der Führer, beginne das Totenreich. Er gehe nicht weiter.
Humboldt bot eine Verdoppelung des Lohnes an.
Der Führer lehnte ab. Dieser Platz sei nicht gut! Und überhaupt, was habe man hier zu suchen, der Mensch gehöre ans Licht.
Schön gesagt, brüllte Bonpland.
Licht, rief Humboldt, das sei nicht Helligkeit, sondern Wissen!
[...]

1 Unterkunft der Mönche, die die Chaymas-Indianer zum christlichen Glauben bekehren wollten.

LESEKOMPETENZ – Aufgaben zu Text 2 „Die Vermessung der Welt"

201 Was untersucht Humboldt in Neuandalusien?
Notieren Sie ein konkretes Beispiel aus dem Text. ____ / 1 P.

____

202 Der Autor beschreibt, Humboldt habe alles untersucht, „was nicht Füße und Angst genug hatte, ihm davonzulaufen." (Zeile 1 – 2). Damit soll Humboldt als ein Forscher dargestellt werden, der … ____ / 1 P.

(a) … Forschungsgegenstände, die still halten, bevorzugt.	☐
(b) … vor allem betäubte oder festgebundene Lebewesen erforscht.	☐
(c) … ausschließlich Pflanzen und Gesteine untersucht.	☐
(d) … an allen Dingen, die er vorfindet, ein Forscherinteresse entwickelt.	☐

203 Nachfolgend werden verschiedene Aussagen zum gesamten Text getroffen.
Kreuzen Sie jeweils an. ____ / 3 P.

	richtig	falsch
(a) Die freigelassenen Sklaven folgen Humboldt wortlos.	☐	☐
(b) Humboldt erwartet wissbegierig ein neues Erdbeben.	☐	☐
(c) Humboldt ist sehr erschrocken über den Unfall im Fluss.	☐	☐
(d) Humboldt sprengt Tunnel in den Fels.	☐	☐
(e) In der Mission werden Humboldt und seine Gefährten freundlich begrüßt.	☐	☐

204 Welche Beweggründe könnten Humboldt veranlasst haben, drei Sklaven freizukaufen? ____ / 2 P.

____

205 Kreuzen Sie an, welche Aussagen auf das Verhalten der von Humboldt freigekauften Sklaven zutreffen bzw. nicht zutreffen. Die Sklaven … ____ / 3 P.

	richtig	falsch
(a) … wollen Geld von Humboldt haben.	☐	☐
(b) … sind dankbar und erleichtert.	☐	☐
(c) … wissen nicht, wohin sie gehen sollen.	☐	☐
(d) … wollen bei Humboldt bleiben.	☐	☐
(e) … sind überrascht und misstrauisch.	☐	☐

206 In Zeile 43-44 heißt es: „Der Abt schüttelte den Kopf. Dahinter stecke doch anderes! Niemand reise um die halbe Welt, um Land zu vermessen, das ihm nicht gehöre." Damit will er ausdrücken, dass er Humboldts … ____ / 3 P.

	richtig	falsch
(a) … Plänen mit Unverständnis begegnet.	☐	☐
(b) … Plänen misstraut.	☐	☐
(c) … Pläne für undurchführbar hält.	☐	☐
(d) … Pläne sabotieren will.	☐	☐

207 In Zeile 50–51 heißt es: „Hier begann auch das Geschrei." Notieren Sie, wer schreit. ____ / 1 P.

____

208 Warum will Humboldts Führer nicht weitergehen (Zeile 61)? ____ / 1 P.

____

209 Welche der folgenden Redewendungen verdeutlichen den von Humboldt angesprochenen Vergleich von „Licht" und „Wissen" (Zeile 66)? Kreuzen Sie an. ____ / 3 P.

	richtig	falsch
(a) Wo viel Licht ist, ist auch viel Schatten.	☐	☐
(b) Jemanden hinters Licht führen.	☐	☐
(c) Licht ins Dunkel bringen.	☐	☐
(d) Jemandem grünes Licht geben.	☐	☐
(e) Jemandem geht ein Licht auf.		

210 In Zeile 38 ist von einer Reise Humboldts zu einer Mission die Rede. Kreuzen Sie an, wer in dieser Mission lebt. ____ / 1 P.

	richtig	falsch
(a) Regierungsbeamte	☐	☐
(b) Sklaven	☐	☐
(c) Mönche	☐	☐
(d) Nonnen	☐	☐

211 Wie weit können Humboldt und seine Begleiter in die Höhle laufen, ohne Fackeln anzuzünden? ____ / 1 P.

____

212 Unterstreichen Sie zwei Adjektive, die Humboldt nicht zutreffend charakterisieren. ____ / 2 P.

unerschrocken interessiert besessen gleichgültig ideenreich überfordert

213 Im Text heißt es in Zeile 10–11 bezogen auf Humboldt: „Das Beben werde gewiss wiederkommen, sagte er fröhlich." Des Weiteren wird in Zeile 25 über den Sklavenhandel gesagt: „(...) es war ein schrumpfender Wirtschaftszweig." Kreuzen Sie an, welche Haltung des Erzählers gegenüber dem Erzählten hier deutlich wird. ____ / 1 P.

(a) sachlich berichtend	☐
(b) ironisch distanziert	☐
(c) stark beschönigend	☐
(d) emotional betroffen	☐

LESEKOMPETENZ
Aufgaben zu Text 2 ____/ 23 P.

SPRACHWISSEN UND SPRACHBEWUSSTSEIN – Aufgaben zu Text 2

251 Bestimmen Sie Haupt- und Nebensatz in folgendem Satzgefüge.

(a) Bonpland gab drei Schüsse ab,		____ / 1 P.
(b) deren Hall vom Schreien übertönt wurde,		____ / 1 P.
(c) und schon sammelte er zwei noch zuckende Körper ein.		____ / 1 P.

252 Setzen Sie nur das Prädikat des folgenden Satzes „Mit dem nächsten Schiff kehrte er zurück nach Spanien." in folgende Zeitformen.

(a) Futur I		____ / 1 P.
(b) Plusquamperfekt		____ / 1 P.
(c) Präsens		____ / 1 P.

253 Es gibt im Deutschen drei Modi: Indikativ, Imperativ und Konjunktiv. Notieren Sie, in welchem Modus der folgende Satz steht: „Dahinter stecke doch etwas anderes!" (Zeile 43). ____ / 1 P.

____

254 In Zeile 27 heißt es: „Sie stierten ihn an." Welches der folgenden Synonyme kann das Verb „stieren" hier passend ersetzen? ____ / 1 P.

(a) blinzeln	☐
(b) sehen	☐
(c) starren	☐
(d) blicken	☐

255 Notieren Sie die Wortarten der Wörter des folgendes Satzes. ____ / 3 P.

(a) Humboldt	
(b) presste	
(c) die	
(d) Hände	
(e) auf	
(f) seine	
(g) Ohren	

256 Notieren Sie einen Grund dafür, warum Teile des Textes im Konjunktiv verfasst wurden.____ / 2 P.

____

SPRACHWISSEN UND SPRACHBEWUSSTSEIN
Aufgaben zu Text 2 ____/ 13 P.

3 Wie die Deutschen reisen

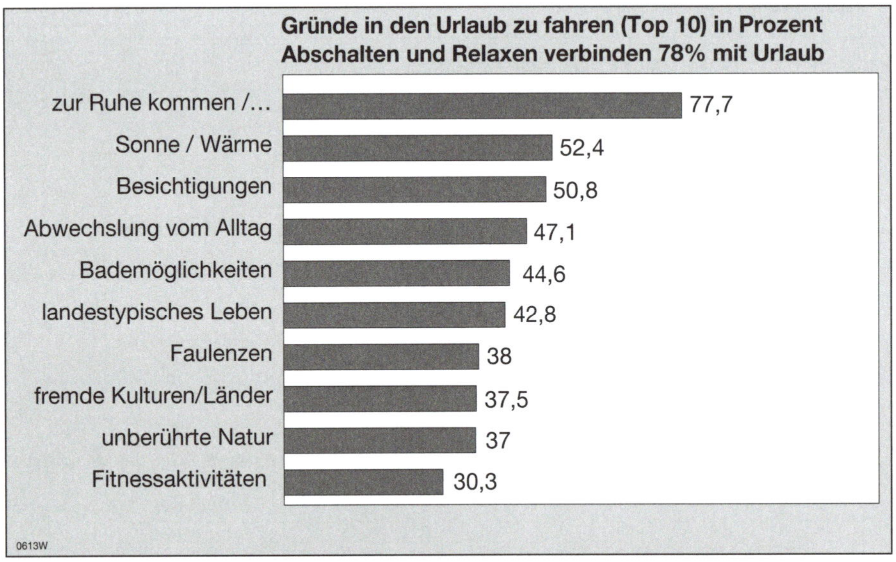

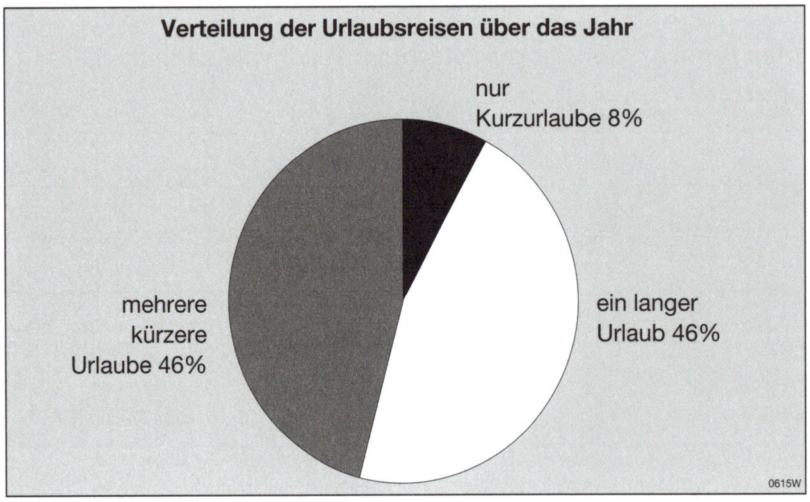

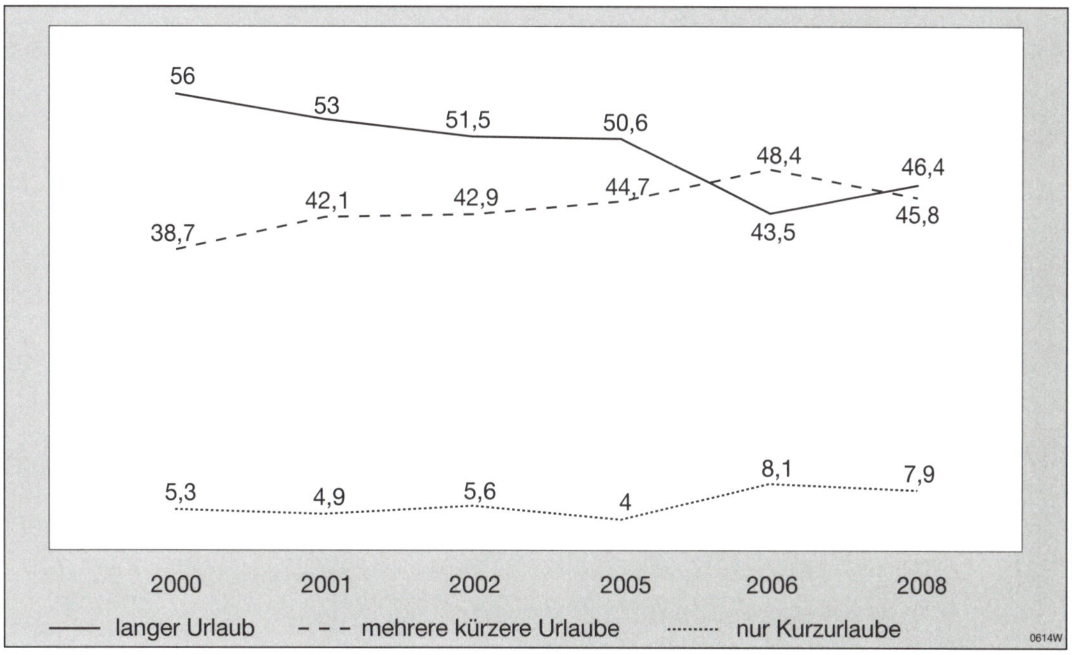

Alle Grafiken vom ADAC Reise Monitor 2009 – www.media.adac.de

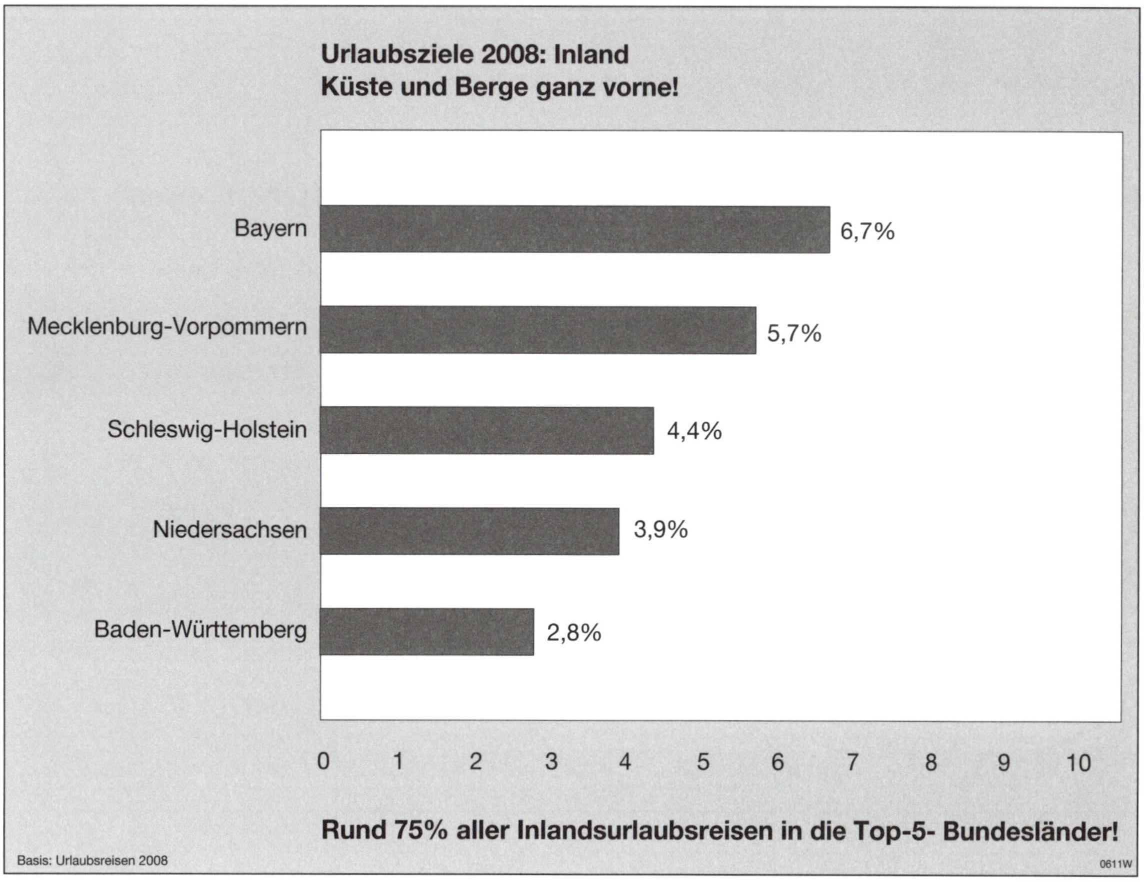

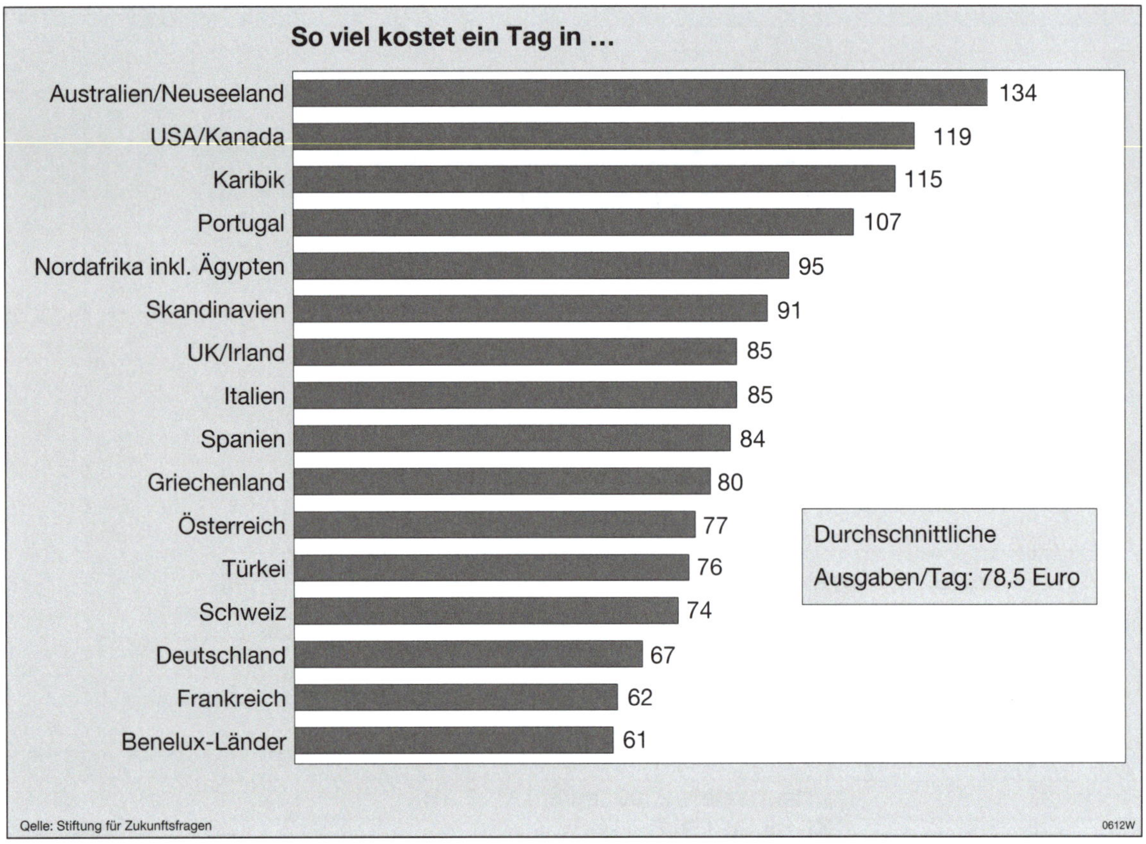

LESEKOMPETENZ – Aufgaben zu den Grafiken „Wie die Deutschen reisen“

301 In einer Grafik werden die Motive der Deutschen genannt, in den Urlaub zu fahren. Notieren Sie die drei wichtigsten. ____ / 1 P.

____

302 In welches Bundesland reisen die Deutschen am liebsten? ____ / 1 P.

____

303 Wie viel kostet in Deutschland ein Urlaubstag? ____ / 1 P.

____

304 Notieren Sie, ob die Kosten für einen Urlaubstag in Deutschland über- oder unterdurchschnittlich sind. ____ / 1 P.

____

305 Welche Art des Urlaubs unterliegt bis 2005 einem stetigen Anstieg? ____ / 1 P.

(a) ein langer Urlaub	☐
(b) mehrere lange Urlaube	☐
(c) mehrere kürzere Urlaube	☐
(d) nur Kurzurlaube	☐

306 In einer Grafik heißt es: „So viel Euro kostet ein Tag in …" Welche Kosten sind damit gemeint? Notieren Sie zwei Beispiele aus Ihrem Alltagswissen.

(a)	___ / 1 P.
(b)	___ / 1 P.

307 Die Grafiken treffen Aussagen über verschiedene Bereiche zum Reiseverhalten der Deutschen. ___ / 2 P.

(a) Aussagen zu den Bereichen: ☐	(b) Aussagen zu den Bereichen: ☐	(c) Aussagen zu den Bereichen: ☐	(d) Aussagen zu den Bereichen: ☐
– Beliebtheitsgrad der Bundesländer – Transportmittel – anfallende Kosten	– Gründe für die Urlaubsreise – beliebteste Reiseländer – Transportmittel	– Dauer des Urlaubs – anfallende Kosten – Gründe für die Urlaubsreise	– anfallende Kosten – Gründe für die Urlaubsreise – beliebteste Reiseländer

308 Unterstreichen Sie die Formen grafischer Darstellung, die für die vorliegenden Grafiken gewählt wurden. ___ / 1 P.

Balkendiagramm Tabelle Kreisdiagramm
geografische Karte Kurvendiagramm

309 Notieren Sie einen Grund aus Ihrem Alltagswissen, weshalb eine Reise nach Australien oder in die USA so viel teurer ist als nach Österreich. ___ / 1 P.

____

310 Sie möchten eine Auslandsreise machen und haben in Ihrer Urlaubskasse ein Budget von 70,– Euro pro Tag vorgesehen. Wählen Sie ein Land aus, in das Sie reisen könnten. ___ / 1 P.

____

311 Betrachten Sie den Entwicklungsverlauf eines langen Urlaubs im Vergleich zu mehreren kürzeren Urlauben im Zeitraum von 2000 bis 2005. Formulieren Sie dazu eine zutreffende Aussage. ___ / 2 P.

____

____

LESEKOMPETENZ
Aufgaben zu den Grafiken ___/ 14 P.

4 Schreibkompetenz – Überarbeiten eines Schülertextes

Die Schüler der Klasse 10 a sollten im Deutschunterricht eine Beschreibung von Johnny Depp als Captain Jack Sparrow schreiben. Leider gibt es im folgenden Text einige Fehler, die überarbeitet werden müssen.
Verbessern Sie nur den jeweiligen Rechtschreib-, Zeichensetzungs-, Grammatik- und Ausdrucksfehler, wobei die Grammatikfehler unterschiedlicher Art sein können, z. B. Fehler in der Lexik, beim Kasus usw. (Keine Sätze abschreiben!).

481	**Filmkritick**	R: ____	___ / 1 P.
482	Johnny Depp als Captain Sparrow ist ein Schauspieler beim „Fluch der Karibik“.	Gr (Präposition): ____	___ / 1 P.
483	Der Typ, den ihr seht, ist ein berühmter Star in Hollywood.	A: ____	___ / 1 P.
484	Jeder, der ihn kennt, weiß, das er geschminkte braune Augen hat.	Gr (Konjunktion): ____	___ / 1 P.
485	Der blausielbrige Eyeliner mit dunkelbraunem Lidschatten erzeugt einen schönen Kellerlocheffekt um die Augen.	R: ____	___ / 1 P.
486	Auf sein Kopf hat er geflochtene schwarzbraune Rastahaare mit Schmuckkettchen.	Gr (Kasus): ____	___ / 1 P.
487	Ausserdem trägt er ein rotes Piratenkopftuch.	R: ____	___ / 1 P.
488	Die Augenbrauen sind dunkel, man kann sie unter dem Kopftuch gerade noch hervorsehen.	Gr (Lexik): ____	___ / 1 P.
489	Um seine Hüfte hat er eine Bauchbinde gestriffen.	Gr (Lexik): ____	___ / 1 P.
490	An den Fingern trägt er fette Ringe und darüber Armbänder am Handgelenk.	A: ____	___ / 1 P.

491	Sein ovales Gesicht ist ziehmlich stark gebräunt und seine Nase ist schmal, der Mund ausdrucksvoll.	R: ____________	___ / 1 P.
492	In seiner Rolle als Pirat wirkt Johnny Depp sicher als Traumtyp, gar nicht brutal aber trotzdem wild und abenteuerlustig.	Z: Verbessern Sie im Text!	___ / 1 P.

SCHREIBKOMPETENZ
Überarbeiten eines Textes ___ 12 P.

5 Schreibkompetenz – Planung eines Textes: Erstellen eines Schreibplans

Die Selbstdarstellung im Internet gewinnt für Jugendliche immer größere Bedeutung.

Erörtern Sie die Vor- und Nachteile, die das Einstellen persönlicher Inhalte ins Internet mit sich bringt.

- Lesen Sie zunächst die Argumente und Belege. (Achtung! Argumente und Belege sind noch nicht nach Zusammengehörigkeit geordnet!)
- Entscheiden Sie sich anschließend für eine eigene Position.

Argumente	Belege
1. Das Internet ermöglicht die weltweite Verbreitung eigener Talentvideos. 2. Die Weitergabe einiger persönlicher Daten ist sowieso unumgänglich. 5. Das Internet ‚vergisst' nichts. 6. Persönliche Beziehungen können aufgrund der eigenen Selbstdarstellung gestört werden. 7. Es gibt Möglichkeiten, persönliche Daten im Internet zu schützen. 8. Man kann sehr viele Kontakte knüpfen und sich vernetzen. 3. Das Internet kann ein ‚Karrierekiller' sein. 4. Persönliche Daten können von Fremden missbraucht werden.	e) Man kann ins Internet gestellte Fotos durch die Vergabe von Passwörtern ausschließlich Freunden zugänglich machen. f) Scheinbar gelöschte Daten können wiederhergestellt werden. g) Arbeitgeber informieren sich zunehmend bei Schüler-VZ und finden unseriöse Fotos. d) Enge Freunde wenden sich ab, nachdem sie deine Videos auf YouTube gesehen haben. h) Berufliche und private Beziehungen können gepflegt und erweitert werden. a) Plattenfirmen suchen neue Talente im Internet. b) Unter deinem Namen werden bei eBay Geschäfte getätigt. c) Bei Online-Käufen muss man z. B. Namen und Adresse angeben.

Aufgabe:

1. Vervollständigen Sie das nachstehende Gliederungsraster. Gehen Sie dabei wie folgt vor:
   a) Wählen Sie aus den vorgegebenen Argumenten jeweils zwei Pro- und zwei Kontra-Argumente aus.
   b) Stützen Sie Ihre Argumente mit jeweils einem der genannten Belege.
   c) Ergänzen Sie stichwortartig Ihre Überlegungen für Einleitung und Schluss, wobei der Schluss Ihre persönliche Meinung widerspiegeln soll.

Gliederungsraster

		1. Einleitung		
	1.	Einleitung		
581		Bezug zum Thema		___ / 2 P.
582		Persönliche Erfahrungen oder aktueller Anlass		___ / 2 P.
		2. Hauptteil		
	2.1	These	Das Einstellen persönlicher Inhalte eröffnet Chancen und ist unbedenklich.	
583	2.1.1	Argument	•	___ / 1 P.
584		Beleg	•	___ / 1 P.
585	2.1.2	Argument	•	___ / 1 P.
586		Beleg	•	___ / 1 P.
	2.2	Gegenthese	Das Einstellen persönlicher Inhalte ist riskant.	
587	2.2.1	Argument	•	___ / 1 P.
588		Beleg	•	___ / 1 P.
589	2.2.2	Argument	•	___ / 1 P.
590		Beleg	•	___ / 1 P.
		3. Schluss		
	3.	Schluss		
591		Fazit		___ / 2 P.
592		Eigene Positionierung/ Ausblick		___ / 2 P.

SCHREIBKOMPETENZ
Erstellen eines Schreibplans ___/ 16 P.

6 Schreibkompetenz – Umsetzung eines Schreibplans: Verfassen einer Erörterung

Verfassen Sie eine Erörterung gemäß Ihrer Gliederung in Aufgabe 5.

Anzahl der Worte:

681	Einhalten der Gliederung	____ / 4 P.
682	Schreibfunktion	____ / 3 P.
683	Originalität/Einfallsreichtum	____ / 3 P.
684	Sprachliche Darstellungsleistung	____ / 4 P.
685	Sprachliche Korrektheit (Grammatik)	____ / 3 P.
686	Sprachliche Korrektheit (Rechtschreibung/Zeichensetzung)	____ / 3 P.
687	Leserfreundliche Form (Übersichtlichkeit/Schriftbild)	____ / 2 P.

SCHREIBKOMPETENZ
Verfassen einer Erörterung ____/ 22 P.

Glossar

Alliteration: → *Sprachliche Mittel*

Anapher: → *Sprachliche Mittel*

Auktorialer Erzähler: → *Merkmale erzählender Texte*

Bericht: → *Journalistische Textsorten*

Diagramm: → *Grafik*

Direkte Rede: → *Merkmale erzählender Texte*

Ellipse: → *Sprachliche Mittel*

Epik: Unter diesem Begriff fasst man alle Arten der erzählenden Dichtung zusammen. Es gibt viele epische Kleinformen (→ *Erzählung*, → *Fabel*, → *Kurzgeschichte, Märchen, Sage, Schwank*). Zu den umfangreicheren epischen Texten gehört der → Roman.

Erlebte Rede: → *Merkmale erzählender Texte*

Er-/Sie-Erzählung: → *Merkmale erzählender Texte*

Erzählperspektive: → *Merkmale erzählender Texte*

Erzählung: In der Literatur versteht man unter einer Erzählung alle kurzen erzählenden Texte, die nicht eindeutig einer anderen Kurzform (→ *Fabel, Märchen, Sage, Schwank*) zugeordnet werden können.

Essay: → *Journalistische Textsorten*

Euphemismus: → *Sprachliche Mittel*

Fabel: Dies ist eine zumeist kurze Erzählung, in der Tiere oder Pflanzen sich wie Menschen verhalten. Häufig stehen sich zwei Tiere mit gegensätzlichen Eigenschaften gegenüber. Meistens wird nach einer kurzen Einführung die Handlung durch Rede und Gegenrede fortgeführt und endet mit einem überraschenden Schluss. Am Beispiel des erzählten Geschehens wird eine Lehre gezogen oder Kritik an bestimmten Verhaltensweisen geäußert.

Gedicht: → *Lyrik*

Glosse: → *Journalistische Textsorten*

Grafik: Grafiken stellen statistische Größen und Größenverhältnisse mithilfe von Diagrammen bildlich dar. Man unterscheidet folgende Typen von Diagrammen:
1. Balkendiagramme oder Säulendiagramme, die absolute Zahlen anzeigen. Die Höhe der Säule oder die Länge des Balkens gibt eine Anzahl an.
2. Tortendiagramme bzw. Kreisdiagramme, die eine prozentuale Zusammensetzung einer Gesamtmenge verdeutlichen. Der Kreis ist in mehrere Teile unterteilt, die jeweils den Anteil an der Gesamtmenge wiedergeben.
3. Kurvendiagramme oder Liniendiagramme, die eine Entwicklung anzeigen. Die Daten von verschiedenen Zeitpunkten können mithilfe eines solchen Diagrammes miteinander verglichen werden.

Hyperbel: → *Sprachliche Mittel*

Ich-Erzählung: → *Merkmale erzählender Texte*

Indirekte Rede: → *Merkmale erzählender Texte*

Innerer Monolog: → *Merkmale erzählender Texte*

Interview: → *Journalistische Textsorten*

Ironie: → *Sprachliche Mittel*

Journalistische Textsorten:

Informierende Texte

Die **Meldung** ist die Kurzform der Nachricht. Sie enthält nur die wichtigsten Informationen (Wer? Wo? Was? Wann?). Sie steht häufig auf der ersten Seite und weist meist auf einen ausführlichen Bericht im Innenteil der Zeitung hin.

Der **Bericht** ist die ausführliche Form der Nachricht. Er liefert eine detaillierte und sachliche Darstellung eines Sachverhalts.

Merkmale:
1. Die Überschrift (häufig mit Unterüberschrift) informiert sachlich.
2. Ein halbfett gedruckter Vorspann fasst die wichtigsten Informationen (W-Fragen) zusammen.
3. Im Hauptteil erfolgt eine ausführliche Darstellung der Nachricht mit Erklärung der Zusammenhänge und Hintergründe.
4. Die Darstellung ist sachlich, wertende Äußerungen durch den Berichterstatter fehlen.
5. Aussagen von Personen werden in direkter und indirekter Rede wiedergegeben.
6. Häufig ergänzt den Text ein erklärendes Bild.

Die **Reportage** ist das Ergebnis vielfältiger Nachforschungen (= Recherchen). Die Reportage will nicht nur informieren, sondern auch durch die lebendige Art der Darstellung den Leser in besonderem Maße ansprechen.

Merkmale:
1. Die Überschrift ist so formuliert, dass sie die Neugier des Lesers weckt.
2. Häufig informiert ein halbfett gedruckter Vorspann über den Inhalt der Reportage.
3. Der Anfang lässt den Leser oft ein Geschehen miterleben.
4. Sachlich-informierende Textstellen wechseln mit persönlich-schildernden Darstellungen.
5. Dadurch ergibt sich oft ein Wechsel von Zeitstufen (z.B. Präteritum für Rückblick).
6. Häufig werden Aussagen von Personen in wörtlicher Rede wiedergegeben.
7. Oft findet man wertende Meinungsäußerungen des Autors.

8. Illustrierende oder erklärende Bilder unterstützen die Aussagen des Textes.
9. Der Name der Autorin/des Autors wird angegeben.

Das **Interview** ist das Ergebnis eines Gesprächs, in dem ein Journalist/eine Journalistin gezielte Fragen an eine Person stellt, die von ihr beantwortet werden. Das Ziel kann darin bestehen, aktuelle Informationen über bestimmte Sachverhalte zu erhalten oder die persönliche Meinung zu einem bestimmten Problem zu erfahren.

Kommentierende Texte

Der **Kommentar** liefert eine Meinung zu einem Sachverhalt. Diese kann zustimmend oder ablehnend sein.
Merkmale:
1. Häufig wird er in Verbindung mit einem Bericht oder einer Meldung geschrieben.
2. In vielen Zeitungen erscheinen die Kommentare an einer bestimmten Stelle (z.B. Kommentare zu politischen Ereignissen).
3. Kürzere Kommentare beziehen sich oft auf einen Artikel auf der gleichen Seite.
4. Die Autorin/der Autor wird genannt.
5. In der Regel verwenden Kommentare keine Bilder.

Oft haben Kommentare einen typischen Aufbau:
1. Zunächst werden die wichtigsten Informationen dargestellt, die zum Verständnis der Stellungnahme nötig sind.
2. Der Autor legt seine Meinung begründet dar.
3. Als Abschluss wird meist ein Wunsch oder ein Ausblick formuliert.

Die **Glosse** ist ein locker geschriebener, häufig kritisch gehaltener Kommentar zu einem aktuellen Ereignis. Glossen stehen in vielen Zeitungen und Zeitschriften an einem festen Platz, haben das gleiche Layout und sind eine Form der persönlichen Meinungsäußerung.
Merkmale:
1. Sie sind oft zugespitzt formuliert und humorvoll geschrieben.
2. Aktuelle Themen oder neue gesellschaftliche Erscheinungen werden kritisiert oder verspottet.
3. Die Kenntnis des Sachverhalts wird vorausgesetzt.
4. Sie enden oft mit einer überraschenden Wende am Schluss (Pointe).
5. In Glossen tauchen immer wieder ironische Formulierungen, sprachliche Bilder, Wortspiele, Doppeldeutigkeiten und Anspielungen auf.

Der (oder das) **Essay** ist eine kürzere, sprachlich lebendige Abhandlung, in der ein Problem von verschiedenen Seiten betrachtet und in der die persönliche Meinung des Autors zum Ausdruck gebracht wird.

Karikatur: Durch Über- oder Untertreibungen werden in Zeichnungen menschliche Schwächen oder Missstände kritisiert und lächerlich gemacht.

Klimax: → *Sprachliche Mittel*

Kommentar: → *Journalistische Textsorten*

Konjunktiv: Die Verbform, die wir normalerweise verwenden, nennt man **Indikativ (Wirklichkeitsform)**: *Er sagt: „Ich komme morgen."*
In der indirekten Rede (→ *Merkmale erzählender Texte*) verwendet man meistens den **Konjunktiv (Möglichkeitsform)**: Er sagt, er komme morgen.
Der Konjunktiv gibt an, was ein anderer gesagt haben soll.

Kurzgeschichte: Es handelt sich um einen kürzeren erzählenden Text. Die folgenden Merkmale sind zwar typisch für Kurzgeschichten, aber nicht immer treffen alle Kriterien in gleicher Weise zu.
Merkmale:
1. Die Handlung setzt unvermittelt ein. Es fehlen einleitende Angaben zu Ort, Zeit und Personen der Erzählung.
2. Gegenstand der Kurzgeschichte sind Alltagspersonen in Alltagssituationen.
3. Die Hauptperson ist einem Problem oder einer kritischen Situation ausgesetzt.
4. Oft nimmt die Handlung eine unerwartete Wendung.
5. Der Schluss ist offen. Der Leser soll über den Fortgang der Handlung selbst nachdenken.
6. Die Darstellung der Handlung ist kurz gefasst und auf das Wesentliche beschränkt.
7. Typische Merkmale der Sprache in Kurzgeschichten:
   - Wiederholungen, Aufzählungen,
   - Umgangssprache, Jugendsprache,
   - mehrere kurze Sätze, die aufeinanderfolgen,
   - unvollständige Sätze (Ellipsen).

Lyrik: Lyrik bezeichnet Dichtung in Versform (Gedichte). Früher wurden die Verse zur Lyra, einem alten Saiteninstrument, gesungen. Deshalb sagt man auch heute noch einfach: Lyrik ist liedartige Dichtung. Viele Gedichte sind vertont worden.
Im Gedicht drückt das → *lyrische Ich* seine Gefühle, seine Stimmungen, aber auch seine Erlebnisse, Einstellungen und Gedanken aus.
Viele Gedichte sind in **Strophen** gegliedert. Mindestens zwei Verszeilen werden in einer Strophe zusammengefasst. Oft beginnt mit einer Strophe ein neuer Gedanke. Es gibt Gedichte, die zwar einem bestimmten Rhythmus folgen, aber nicht am Wort- und Versende gereimt sind.
Durch **Reime** erhalten Gedichte eine bestimmte Klangwirkung. Durch den Gleichklang der Reimwörter (z. B. *küssen – müssen; Fassaden – baden*) werden oft zwei oder mehr Verszeilen miteinander verbunden.
Drei Reimformen werden besonders oft verwendet:

Paarreim
a Sonne
a Wonne
b Eis
b heiß

umarmender Reim
a Sonne
b Eis
b heiß
a Wonne

Kreuzreim
a Sonne
b Eis
a Wonne
b heiß

Unter dem **Metrum** eines Gedichts versteht man die Folge von betonten und unbetonten Silben in den Wörtern eines Verses:

x x́ x x́ x x́ x (= Jambus)
Es war, als hätt der Himmel …
x́ x x́ x x́ x x́ x (= Trochäus)
Als ich schläfrig heut erwachte …
Eine besondere Gedichtform stellt das **Sonett** dar. Diese Gedichtform wurde im 14.–16. Jahrhundert häufig verwendet. Sie besteht aus zwei Strophen zu vier Zeilen und zwei Strophen zu drei Zeilen. Häufig wird in den beiden Vierzeilern das Thema vorgestellt, während die abschließenden Dreizeiler eine Auswertung oder Schlussfolgerung beinhalten.

Lyrisches Ich: Das lyrische Ich ist die oder der Sprechende im Gedicht. Das lyrische Ich kann, muss aber nicht die Einstellung oder Stimmung der Dichterin/des Dichters wiedergeben.

Märchen: Märchen erzählen Geschichten, die sich in Wirklichkeit nicht ereignen könnten. Oft handeln sie von Zauberern, Hexen, Feen und sprechenden Tieren. In einer räumlich und zeitlich nicht festgelegten Welt steht die Hauptfigur vor großen Gefahren und kaum lösbaren Aufgaben. Die Zahlen 3, 6, 7, 12 spielen eine besondere Rolle. Auch formelhafte Sprüche sind typisch für Märchen. Am Ende siegt meist das Gute.

Merkmale erzählender Texte: Wenn man eine Erzählung analysieren will, ist die genaue Untersuchung von folgenden Merkmalen wichtig:

1. **Erzählperspektive:** Ein Autor kann in unterschiedlicher Weise erzählen. Daher unterscheidet man:
   Ich-Erzählung: Das Geschehen, aber auch Gedanken und Gefühle werden aus der Sicht einer bestimmten Figur in der 1. Person erzählt: *Meine Eltern schlafen sicher schon. Mir aber dreht sich der Kopf, und ich komm nicht zur Ruhe. Was soll ich nur tun? Könnte ich doch nur die Zeit um einen halben Tag zurückdrehen!*
   Er-/Sie-Erzählung: Der Erzähler stellt seine Personen in der dritten Person vor. Er kann dabei **als auktorialer Erzähler (auktoriales Erzählen/auktoriale Erzählsituation)** auftreten. Der Autor ist der Allwissende, der das Geschehen von außen erzählt und auch mehr weiß als die Figuren des Geschehens und daher Ereignisse voraussehen oder auf sie zurückblicken und sie kommentieren kann.
   Jan vermutete, dass seine Eltern schon schliefen, während er sich im Bett wälzte und sich heftige Vorwürfe machte. Ein bisschen tat er sich auch selbst leid. Seine Eltern schliefen jedoch keineswegs, sondern fassten einen Entschluss.
   Der Erzähler kann aber auch in der 3. Person aus der Sicht einer Person die Geschichte erzählen und kommentieren. Man spricht dann von einem **personalen Erzähler (personales Erzählen/personale Erzählsituation):**
   Jan wälzte sich im Bett und fand keine Ruh. Sicher würden seine Eltern schon schlafen. Warum nur konnte er die Zeit nicht zurückdrehen, nur einen halben Tag?
2. **Zeitverhältnisse:** Wenn ein Erzähler ein Geschehen, das in der Realität sehr kurz ist, sehr ausführlich darstellt und kommentiert, spricht man von **Zeitdehnung:**
   In diesem Augenblick des Fallens liefen die Ereignisse der letzten Tage in seinem Kopf wie in einem Film ab: die Begegnung mit seinem Vater, sein unbeherrschtes Verhalten Marion gegenüber und das Treffen mit dem großen Unbekannten, der ihn in diese ausweglose Situation gebracht hatte.
   Von **Zeitraffung** hingegen spricht man, wenn der Autor ein Geschehen, das in der Realität länger dauert, zusammenfasst, nur andeutet oder überspringt:
   Als Jan Stunden später im Krankenhaus aufwachte, hatte er Mühe, sich zurechtzufinden.
3. **Redeformen:** Der Erzähler kann unterschiedliche Redeformen verwenden.
   Direkte Rede: In wörtlicher Rede werden Äußerungen und Gedanken wiedergegeben: *Jan war aufgebracht: „Was wissen Sie schon, was geschehen ist!"*
   Indirekte Rede: Äußerungen werden vom Erzähler wiedergegeben, zumeist unter Verwendung des → Konjunktivs: *Vollkommen unbeherrscht machte er allen um ihn Stehenden Vorwürfe, dass schließlich niemand gekommen sei, ihm zu helfen, und er daher ganz allein auf sich selbst gestellt gewesen sei.*
   Erlebte Rede: Der Erzähler gibt die Gedanken und Gefühle in der 3. Person und meistens im Präteritum wieder: *Als alle den Raum verlassen hatten, war Jan sehr niedergeschlagen. War es nicht auch sein Fehler, dass es so weit gekommen war? War er nicht einfach zu stolz gewesen?*
   Innerer Monolog: Die Gedanken und Gefühle werden in der Ich-Form dargestellt, häufig im Präsens: *Jan nahm sein Handy und suchte die Nummer von Marion. Ich werde ihr alles erklären. Ich werde sie nicht um Verzeihung bitten, denn mein Verhalten kann man nicht entschuldigen.*
4. **Satzbau:** Man unterscheidet folgende Möglichkeiten des Satzbaus:
   - **Satzreihe (Parataxe):** Es werden nur Hauptsätze aneinandergereiht. Häufig sind sie kurz: *Jan schwieg. Sein Puls raste. Blut schoss ihm in den Kopf. Dann sprang er auf.*
   - **Satzgefüge (Hypotaxe):** Darunter versteht man den Verbund von Haupt- und Nebensätzen: *Als er die Tür öffnete* (Nebensatz), *blies ihm ein kalter Wind entgegen* (Hauptsatz), *der schon vor geraumer Zeit begonnen hatte zu wehen und sich nun zu einem Sturm entwickelte* (Relativsatz).
   - **Unvollständige Sätze (Ellipse):** → *Sprachliche Mittel*

   Die Wirkung dieser Satzformen kann sehr unterschiedlich sein und kann nur aus dem Zusammenhang des Textes erschlossen werden.
5. **Sprachliche Mittel:** → *Sprachliche Mittel*

Metapher: → *Sprachliche Mittel*

Metrum: → *Lyrik*

Neologismus: → *Sprachliche Mittel*

Paradoxon: → *Sprachliche Mittel*

Parallelismus: → *Sprachliche Mittel*

Personaler Erzähler: → *Merkmale erzählender Texte*

Personifikation: → *Sprachliche Mittel*

Redeformen: → *Merkmale erzählender Texte*

Reim: → *Lyrik*

Reportage: → *Journalistische Textsorten*

Rhetorische Frage: → *Sprachliche Mittel*

Roman: Der Roman ist eine lange Erzählung, die zwischen hundert und mehreren tausend Seiten umfassen kann. Im Zentrum eines Romans steht oft die ausführliche Schilderung der problematischen Situation eines Einzelnen. Beschrieben wird, wie er in seiner Umgebung und mit seinen Mitmenschen lebt, sich verändert und entwickelt.

Rückblick: Vor allem in der → *Epik* (Erzählung, Roman) gibt es solche Einschübe, die vor der Zeit der eigentlichen Handlung spielen. Sie dienen dazu, die jetzige Situation oder das Handeln einer Figur zu erklären.

Sachtext: Ein Sachtext informiert über Tatsachen, Vorgänge und Sachverhalte. Er kann z.B. über die Tier- oder Pflanzenwelt informieren oder über bedeutsame Ereignisse. Sachtexte findet man in Zeitungen, Zeitschriften oder in Sach- oder Schulbüchern.

Satire: Eine satirische Darstellung zeigt menschliche Schwächen oder Fehler in stark übertriebener Darstellungsweise auf. Sie will diese lächerlich machen, zum Nachdenken anregen, kritisieren und häufig auch eine Änderung von Verhaltensweisen bewirken. Satire kann in den verschiedensten Textsorten auftreten.

Merkmale:
1. Ironie → *Sprachliche Mittel*
2. Übertreibungen und überzogene Vergleiche
3. Verspottungen durch ins Lächerliche gezogene Situationen
4. Wortspiele

Sprachliche Mittel	Erläuterung	Beispiel	mögliche Wirkung
Alliteration, die	Wiederholung von Anfangslauten bei aufeinanderfolgenden Wörtern	Milch macht müde Männer munter.	emotionale Verstärkung des gewünschten Eindrucks
Anapher, die	Wiederholung derselben Wortgruppe an Satz-/Versanfängen	Worte sind verletzend. Worte sind unersetzlich.	Eindringlichkeit; Rhythmisierung erreichen
Ellipse, die	unvollständiger Satz, der aber sinngemäß leicht zu ergänzen ist	Feuer! / Je früher der Abschied, desto kürzer die Qual.	der wichtigste Aspekt soll hervorgehoben werden etc.
Euphemismus, der	Beschönigung	vollschlank statt dick / eingeschlafen statt gestorben	abgemilderte Negativbotschaft, taktisches Verhalten
Hyperbel, die	starke Unter- oder Übertreibung	Es ist zum Haareausraufen! / ein Meer von Tränen	Dramatisierung; starke Veranschaulichung
Ironie, die	Äußerung, die durchblicken lässt, dass das Gegenteil gemeint ist	Das hast du ja ganz toll hinbekommen! / Vier Wochen Regen. Super!	Herabsetzung; kritische Anmerkung; Stellungnahme
Klimax, die	Steigerung; meist dreigliedrig	Er kam, sah und siegte.	Dramatisierung
Metapher, die	verkürzter Vergleich, Verwendung eines Wortes in übertragener Bedeutung	Geldwäsche / Er war ein Löwe in der Schlacht. / Du bist meine Sonne.	Veranschaulichung
Neologismus, der	Wortneuschöpfung	Mobbing / Gammelfleisch / unkaputtbar (Werbesprache)	Hervorhebung
Paradoxon, das	Zusammenstellung von Wörtern, die sich eigentlich widersprechen	bittersüß / Vor lauter Individualismus tragen sie eine Uniform.	starker Anreiz zum Nachdenken
Parallelismus, der	Wiederholung gleicher Satzstrukturen	Ein Blitz leuchtete, der Donner folgte, ein Gewitter setzte ein.	Dramatisierung, Intensivierung
Personifikation, die	Vermenschlichung; Gegenstände oder Tiere erhalten die Eigenschaften oder Fähigkeiten von Menschen	Die Sonne lacht. / Die Smileys haben uns fest im Griff. / Mutter Natur	lebendige und anschauliche Darstellung
Rhetorische Frage, die	scheinbare Frage, deren Antwort jeder kennt; Leser und Zuhörer müssen zustimmen, da ihr Einverständnis vorausgesetzt wird	Gibt es den idealen Menschen? / Wer ist schon perfekt? / Wer glaubt denn das noch?	Mobilisierung einer bestätigenden Reaktion des Lesers
Vergleich, der	Verknüpfung zweier Begriffe mit *wie*	Der Kämpfer ist stark wie ein Löwe.	anschauliche Darstellung

Satzgefüge: → *Merkmale erzählender Texte*

Satzreihe: → *Merkmale erzählender Texte*

Sprachliche Mittel: Nahezu in allen Texten werden gezielt sprachliche Mittel eingesetzt, um bestimmte Wirkungen zu erzielen (siehe Übersicht Seite 125).

Sonett: → *Lyrik*

Strophe: → *Lyrik*

Umarmender Reim: → *Lyrik*

Vergleich: → *Sprachliche Mittel*

Vers: → *Lyrik*

Zeitdehnung: → *Merkmale erzählender Texte*

Zeitraffung: → *Merkmale erzählender Texte*

Zeitverhältnisse: → *Merkmale erzählender Texte*

Sprachliche Mittel	Erläuterung	Beispiel
Alliteration, die	Wiederholung von Anfangslauten bei aufeinderfolgenden Wörtern	
Anapher, die	Wiederholung derselben Wortgruppe an Satz-/Versanfängen	
Ellipse, die	unvollständiger Satz, der aber sinngemäß leicht zu ergänzen ist	
Euphemismus, der	Beschönigung	
Hyperbel, die	starke Unter- oder Übertreibung	
Ironie, die	Äußerung, die durchblicken lässt, dass das Gegenteil gemeint ist	
Klimax, die	Steigerung; meist dreigliedrig	
Metapher, die	verkürzter Vergleich, Verwendung eines Wortes in übertragener Bedeutung	
Neologismus, der	Wortneuschöpfung	
Paradoxon, das	Zusammenstellung von Wörtern, die sich eigentlich widersprechen	
Parallelismus, der	Wiederholung gleicher Satzstrukturen	
Personifikation, die	Vermenschlichung; Gegenstände oder Tiere erhalten die Eigenschaften oder Fähigkeiten von Menschen	
Rhetorische Frage, die	Scheinbare Frage, deren Antwort jeder kennt; Leser und Zuhörer müssen zustimmen, da ihr Einverständnis vorausgesetzt wird	
Vergleich, der	Verknüpfung zweier Begriffe mit *wie*	

Quellenverzeichnis

Textquellen

16 http://www.welt.de/webwelt/article1016988/25_Jahre_und_so_gut_wie_tot.html vom 11.07.2007 (Stand 14.08.2007)

18/19 Yasmin El-Sharif: Jetzt trifft es die Jüngeren. Erschienen im gedruckten Tagesspiegel vom 27.02.2009

23/24 Tom Beinlich: Ich bin die Frau Brauer und stehe hier neben Ihrem Mann. Aus: Drehpunkt Nr. 115/März 2003; http://www.dreh-punkt.ch

32/33 Alfred Döblin, Berlin Alexanderplatz, © Patmos Verlag GmbH & Co. KG/Artemis & Winkler Verlag, Düsseldorf (Text gekürzt)

28/29 Das Wiedersehen. © Gertrud Schneller, Zürich

40/41 Die Prinzen: Ungerechtigkeit. © 2001 by Moderato Musikproduktion GmbH/BMG Rights Management GmbH/SMPG Publishing (Germany) GmbH/Landvogt Musikverlag GbR

45 Detlev Marwig, Rein äußerlich; aus: Thomas Rother (Hrsg.): Schrauben haben Rechtsgewinde, © Pädagogischer Verlag Schwann, Düsseldorf 1971

67/68 Wozu Werbung? Aus: Stiftung Lesen: Zukunft Dienstleistung – ein Blick hinter die Kulissen. Mainz 2007, S. 14 (Text gekürzt und leicht verändert)

73/74 Das Erfolgskonzept von „Deutschland sucht den Superstar". Autorentext. Mit Informationen aus: Stefan Wehler: Die Medienmaschine läuft; aus: Süddeutsche Zeitung Online vom 10.02.2003 und Thomas Schulz: Musikfernsehen. Wie Simon Fuller zum heimlichen Strippenzieher der Gesangsbranche avancierte; aus: Der Spiegel vom 06.01.2003

77/78 Stadionverbot auf Verdacht. dpa, in: Kölner Stadt-Anzeiger, www.ksta.de/jks/artikel.jsp?id=1256136956824.shtml (Stand: 21.11.2009).

81–121 Prüfungsaufgaben und Prüfungstexte für den Mittleren Schulabschluss Berlin; Quelle: Senatsverwaltung für Bildung, Wissenschaft und Forschung, Berlin.

81–83 Karin Ceballos Betancur: Hemd mit Aussage. Der Tagesspiegel vom 03.05.2008 (gekürzt)

91/92 Textauszug aus: Bernhard Schlink, Der Vorleser. Copyright © 1995 Diogenes Verlag AG Zürich

103–105 Der wahre Entdecker Amerikas. Kerstin Viering. Berliner Zeitung, 06.05.2009

109–110 aus: Daniel Kehlmann, „Die Vermessung der Welt", Copyright © 2005 by Rowohlt Verlag GmbH, Reinbek bei Hamburg

Bildquellen

14 Quelle zum Schaubild A: BMU, Globus 3032
Quelle zum Schaubild B: 15. VDEW, BDEW; Globus 9058 (2002) und Globus 3240 (2007)
Quelle zum Schaubild C: Polizeiliche Kriminalstatistik, http://www.bka.de/pks/

15 Globus Infografik 1294; Globus Infografik GmbH, Hamburg

29 Der Arbeitsmarkt im Februar 2009; Quelle: AFP (Bundesagentur für Arbeit)

89 Globus Infografik 0783; Globus Infografik GmbH, Hamburg

114 beide Grafiken: ADAC Reise Monitor 2009, www.media.adac.de

115 Grafik 1: ADAC Reise Monitor 2009, www.media.adac.de
Grafik 2: RA Reiseanalyse 2009

116 Deutsche Zentrale für Tourismus e.V.